부자 되는 비법

부자 되는 비법

초판 1쇄 인쇄 2020년 05월 22일
초판 1쇄 발행 2020년 06월 01일

지은이 박경환

편집 김지홍
디자인 이미리

펴낸곳 도서출판 북트리
주소 서울시 금천구 서부샛길 606 30층
등록 2016년 10월 24일 제2016-000071호
전화 0505-300-3158 | 팩스 0303-3445-3158
이메일 booktree11@naver.com
홈페이지 http://blog.naver.com/booktree77

값 12,000원
ISBN 979-11-6467-036-9 03810

- 이 책은 저작권에 등록된 도서로 저작권법에 따라 무단전재 및 복제와 인용을 금지합니다.
- 이 책 내용의 전부 및 일부를 이용하려면 저작권자와 도서출판 북트리의 서면동의를 받아야 합니다.
- 잘못된 책은 구입하신 서점에서 바꾸어 드립니다.

이 도서의 국립중앙도서관 출판예정도서목록(CIP)은 서지정보유통지원시스템 홈페이지 (http://seoji.nl.go.kr)와 국가자료종합목록 구축시스템(http://kolis-net.nl.go.kr)에서 이용하실 수 있습니다. (CIP제어번호 : CIP2020020335)

부자 되는 비법

박경환 지음

도서출판 북트리

PROLOG

    2019년 2월, 이른 아침부터 시작된 설날의 모든 행사가 끝나고 늦은 저녁 인근 막창집으로 향했습니다. 조카들과 명절의 피로도 풀고, 간만에 서로의 근황도 전하면서 소주 한 잔을 곁들여 쫄깃한 식감의 돼지 막창을 즐겼습니다. 연휴인데도 거의 만석인 막창집 안에는 숯불 연기가 피워 오르고, 온갖 이야기꽃으로 왁자지껄한 분위기 속에서, 대학생인 조카 유민은 홀로 집중해서 책을 읽고 있었고, 책 제목이 '부자 되는 비법' 이었습니다. 책 제목을 보고 모두 한바탕 웃었지만, 진지하게 부자 되는 법이 궁금하다는 조카의 말을 듣고, 성장하는 아들 규민에게 언젠가 전해 주기 위해 오랜 시간 조금씩 모아 두었던 글들을 정리하기로 마음을 먹었습니다.

    책 제목을 부자 되는 비법으로 정해 놓고 보니 자연스럽게 '부자(富者)가 무엇이지?'란 생각이 들기 시작하였습니다. 처음부터 최소한 물질적 부자는 아니라고 생각하였지만, '어떤 사람이 부자인가?'란 질문에 간결한 대답은 잘 떠오르지 않았습니다. 책을 쓰기 위해 소재를 찾고 읽고 정리하다 보니 분명하게 한 단어가 계속 뇌리를 스치었고, 그 단어는 바로 '자유'였습니다. 결국 자유는 우리

부자 되는 비법

가 추구해야 할 가장 궁극적이고 가장 본질적인 것이 아닐까 생각되었습니다. 우리 삶에서 자유를 빼앗겼다고 생각해 보면, 그것은 나의 삶이 아니라는 것을 금세 깨달을 수 있을 것입니다. 그것은 나의 삶이 아니라 누군가의 생각과 의지에 따라 움직이는 타인의 삶이 되기 때문입니다. 비록 삶이 힘들고 고단할지라도 자유가 있다면 그것은 진정한 나 자신의 삶입니다. 사람마다 정도의 차이는 있지만, 사회라는 울타리 속에서 자신의 삶과 타인의 삶이 어느 정도 섞인 채로 살아갈 수밖에 없습니다. 하지만 자기 생각과 의지가 많이 투영된 삶을 사는 사람이 부자라고 생각됩니다.

   그러면 우리는 어떻게 남들보다 더 자유로운 삶, 내가 주인 되는 삶을 살아갈 수 있을까요? 가장 쉬운 방법은 내 마음대로 사는 것입니다. 내 마음대로 산다는 것에 많은 사람들이 부정적 느낌을 받을 것입니다. 왜냐하면 그동안 그렇게 행동해서는 안 된다는 주변의 말을 너무 많이 듣고 살아왔기 때문입니다. 하지만, 이 말은 틀린 말이 아니며, 우리는 모두 사회적 상식 범위 내에서 최대한 내 마음대로 살기 위해 노력해야 합니다 조금 더 구체적 방법은 내가 좋아하는 일을 찾고, 그 일에 매진하는 것입니다.

내가 무엇을 좋아하는지 잘 모르겠다면, 가만히 상상해보면 뭔가 나에게 '설렘'을 주는 일들이 분명히 있을 것입니다. 사람을 만나는 것도, 사랑을 하는 것도 모든 것들이 마찬가지입니다. '설렘'이란 감정은 매우 중요한 감정입니다. 어떤 이유로 생겨난 것인지는 잘 모르겠지만, 내 마음속에 생겨나는 '설렘'을 따라 사는 것이 가장 정답에 가까운 삶입니다. 그런 사람이 바로 부자입니다.

설렘이 있다면 무모하더라도 내 마음이 하자는 대로 과감하게 하시면 됩니다. 무언가를 하려고 할 때 눈치 보지 마시기 바랍니다. 남의 시선, 세상의 시선에 눈치 보지 마시기 바랍니다. 세상의 눈치를 보기 시작하면 두려움이 생겨납니다. 눈치가 많아질수록 운신의 폭이 줄고 두려움은 더 커져갑니다. 그러다 보면 설렘조차 사라질 수 있습니다.

지금 마음속에 설렘이 잘 생겨나지 않는다면, 너무 걱정하지 마시고 조금씩 내가 하고 싶은 것들에 집중해 보세요. 그러면 설렘은 다시 생겨날 것입니다.

저는 이 책이 누구보다 자유로운 삶을 살기 위한 다양한 곳으로의 여행안내서 같은 책이 되기를 희망합니다. 바쁜 일상에서 문득 여행을 가고 싶은 순간에 펼쳐 보면, 무언가 좋은 여행지를 소개해 주는 그런 책이 되기를 희망합니다. 힘든 일상으로 삶의 방향을 잃고 헤매는 순간에 펼쳐 보면, 나침반처럼 방향성을 다시 잡아주는 그런 책이 되기를 희망합니다. 무엇을 꿈꾸어야 하는지, 그 꿈을 위해 어떤 목표를 세워야 하는지, 목표를 달성하기 위해 무엇부터 해야 할지 도저히 알 수 없을 때 펼쳐 보면, 번뜩이는 아이디어와 잊어버렸던 열정을 다시 심어 줄 수 있는 책이 되기를 희망합니다. 지금 이 순간 내가 행동하고 생각하는 것들의 이유를 찾아보고 나를 조금 더 이해할 수 있는 시간이 되기를 희망합니다. 나를 알아간다는 것은 진정 내가 좋아하는 것, 진정 내가 하고 싶은 것, 진정 나를 설레게 하는 것이 무엇인지 알아가는 과정입니다.

나를 설레게 하는 것을 찾고 그것에 집중하시기를 희망합니다.

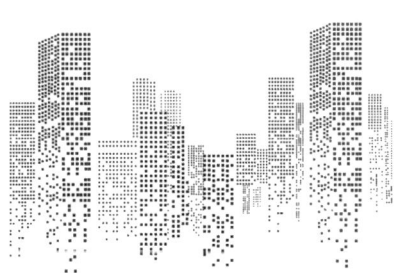

| CONTENTS |

제1장 **부자 되는 비법**   11

01 부자 되는 비법 · 12
02 Small Win · 13
03 Big Win · 16
04 축적의 시간 · 20
05 목표와 꿈 · 23
06 습관의 힘 · 25

제2장 **생각을 나누다**   31

01 생각을 나누다 · 32
02 한 귀로 듣고 한 귀로 흘려라 · 34
03 현대옥 · 41
04 탁월한 사유의 시선 · 44

제3장 人生의 품격　　　　　　47

01 행복과 안녕을 빌미로 나의 자유를 포기할 수
　　있는가? · 48
02 팝 아트의 선구자, 앤디 워홀 · 50
03 그리스인 조르바 · 54
04 배트맨 다크나이트 · 60

제4장 우리 삶에서 가장 중요한 시간은 지금 이 순간입니다　　　63

01 아름답다면 그것이 정답이다 · 64
02 Be Present · 66
03 그건, 그때 가서 생각해 · 68
04 지금 이 순간 생애 단 한 번의 시간입니다 · 69
05 Here and Now for me · 73

제5장 세상의 변화를 야기시키는 一流 '영웅과 천재들의 이야기' 77

----

01 대항해 시대를 연 항해 왕 엔리케 · 78

02 코페르니쿠스 '천구의 회전에 관하여' · 82

03 프랜시스 베이컨 '新기관' · 89

04 데카르트 '방법서설' · 96

05 뉴턴 '프린키피아' · 105

06 양자 역학의 탄생 · 111

07 로보트 태권브이 · 118

08 시간과 공간의 연결 · 128

제1장

부자 되는 비법

01

부자 되는 비법

부자 되는 비법은 매우 간단합니다. 바로 좋은 습관을 가지는 것입니다. 타고난 성격은 고치기 힘들지만, 좋은 습관은 누구나 가질 수 있습니다. 힘들게 성격을 고치려 하지 말고, 좋은 습관을 가지려고 노력하세요. 이것이 바로 부자 되는 일급비밀입니다.

-

"처음에는 우리가 습관을 만들지만
나중에는 습관이 우리를 만든다"
〈존 드라이든, 17C 영국 시인〉

02

Small Win

그러면 좋은 습관은 어떻게 하면 만들 수 있을까요? 대부분의 사람들은 습관의 중요성을 이미 잘 알고 있습니다. 우리 속담에도 "세 살 버릇 여든까지 간다"라는 말이 있듯이, 습관은 동서고금을 통해 매우 중요한 덕목으로 많은 사람들이 언급하고 있습니다. 그런데도 막상 좋은 습관을 한 번 만들어보려고 할 때, 어떤 습관을 어떻게 만들까? 막막합니다.

좋은 습관을 만드는 특급 비밀은 Small Win입니다. 사실, Small Win은 이 책의 전부라고 해도 과언이 아닙니다. Small Win은 작은 습관을 의미하고 있지만, 작은 성공으로 볼 수도 있고, 작은 목표라고 볼 수도 있습니다. 무엇이라도 상관은 없습니다. 하지만, Small Win을 제대로 이해하고 생활 속에 실천한다면 진정 위대한 사람, 진정 위대한 부자, 진정 위대한 자유인이 분명히 될 수 있을 것입니다. 그만큼 Small Win은 비범한 능력을 가지고 있습니다.

세계적인 인터넷 제작 툴 워드프레스를 만든 '매트 뮬렌웨그'의 성공 비결은 잠자기 전 팔굽혀펴기 1회였다고 합니다. 아무리 힘들고 늦어도 팔굽혀펴기 한 개 정도는 매일 할 수 있겠다는 생각에서였습니다. 이 단순한 행위의 성공이 습관이 되고, 이 습관이 더 큰 성공을 만들었다고 합니다. 매일 반복되는 일상 속에 팔굽혀펴기 1회 같은 작은 습관을 심어 놓는 것이 습관을 만드는 비법입니다. 매일 아침 거울을 보고 멋진 자세를 취해 보거나, 식사 前 마음속 감사의 기도를 하거나, 길을 걸을 때마다 바른 자세를 취해 보려고 노력하거나, 매일 한 줄씩 정성껏 글을 쓰는 것도 괜찮습니다. 잠자고, 일어나고, 밥 먹고, 화장실 가고, 양치하고, 걷고, 반복되는 일상 속에 작은 습관을 심어나가시면 됩니다.

작은 습관을 만들 때 가장 중요한 것은 욕심을 버리는 것입니다. 하나씩, 조금씩, 천천히 일상 속에 심어나가세요. 그 과정이 힘들지 않고, 어렵지 않도록 해야 합니다. 습관은 복리로 작용하기 때문에 3주만 지속하면 습관화되고, 3개월 지속하면 습관이 됩니다.

우리는 모두 잘 생기게 태어날 수는 없지만, 누구나 좋은 인상을 만들 수는 있습니다. 굳이 힘들게 많은 노력이 필요하지도 않습니다. 그냥 좋은 인상 한 번 만들어보겠다는 목표만 세우시고, 매일 아침 거울을 보고 딱 10초만 다양한 표정을 지어보면 됩니다. 웃어도 좋고, 찡그려도 좋고, 다양한 표정을 만들어보세요. 몇 주만 하시면 됩니다. 그러면 우리는 잘생긴 얼굴보다 100배, 1000배 가치 있는 좋은 인상을 가질 수 있습니다. 이것이 바로 Small Win의 위력입니다.

골프를 처음 배우면 루틴이란 말을 많이 듣게 됩니다. 골퍼가 공을 치기 이전의 연습 동작부터 실제 공을 치기까지의 행동 패턴을 말합니다. 좋은 골퍼가 되기 위해서는 반드시 좋은 루틴을 만들어야 합니다. 좋은 루틴은 군더더기 없는 동작으로 준비 시간을 최소화하고, 루틴에 집중하는 동안 잡생각을 없애주고 오로지 공을 잘치기 위한 정신 집중에 도움을 줍니다. 이러한 루틴도 습관의 하나입니다. 일상 속에 자신만의 좋은 루틴을 만들어보세요. 좋은 루틴을 가진 골퍼는 나이스 샷을 치는 것이고, 좋은 습관을 가진 사람은 나이스한 인생을 사는 것입니다.

03

Big Win

일상 속에 심어 놓은 작은 습관과 차별화되는 큰 습관을 만드는 방법입니다. 가령, "서울대 의대에 합격하겠다. 또는 100억 원의 돈을 모으겠다. 또는 책 1,000권을 읽겠다. 또는 마라톤 완주를 하겠다" 등 하나같이 쉽지 않은 큰 목표를 Big Win이라고 부릅니다. 이러한 큰 목표들도 누구나 해낼 수 있는 위대한 비법이 있습니다. 그것은 '작심삼일 Big Win'입니다. 예를 들면, 3개월 안에 마라톤 풀 코스를 완주하겠다는 목표를 세웠다고 가정해보면, 우선 딱 3일간만 운동 계획을 세웁니다.

- 1日 : 1km 걷거나 달리기
- 2日 : 1.5km 걷거나 달리기
- 3日 : 2km 걷거나 달리기

처음 3일간 목표는 조금 쉽게 시작합니다. 하지만 반드시 달성해야 합니다. 3일 후에는 잠시 쉬어도 됩니다. 자신에게 작은 보상도 해주세요. 그리고 강도를 조금씩 높이며, 다시 3일간 또는 4~5일간 목표와 계획을 세우고 달성해 나갑니다.

이렇게 과정 목표에 집중하는 것이 큰 목표를 달성하는 위대한 비법입니다. 목표를 향해 나아갈 때 방해 요소가 많을 것입니다. 그럼에도 불구하고 과정 목표는 반드시 달성해야 합니다. 물론 큰 목표를 향해 나아갈 땐 실패도 하고, 포기도 하고, 물러서기도 하면서 나아가는 것이 정상입니다. 하지만, 큰 목표를 달성하기 위해서는 자신과 절대 타협해선 안 되는 무언가가 있습니다. 그 무언가는 자신이 찾아야 하고, 어떤 일이 있더라도 반드시 지키겠다는 의지를 다져야 합니다.

큰 목표를 달성하는데 도움이 되는 팁은 '도서관 법칙'입니다. 공부는 해야 하고, 공부는 하기 싫고 이런 경우 자신과 중간 타협점을 찾습니다. 공부는 안 해도 좋으니까 도서관에는 가자고 과정 목표를 세웁니다. 이렇게 도서관에 가면 책상에 앉게 되고 책을 꺼내게 되고 책을 보게 됩니다. 운동도 마찬가지입니다. 우선 헬스클럽에 가는 것이 중요합니다. 그다음 러닝 머신 위에 올라서고, 천천히 걷고, 나중에는 숨이 차도록 달리고 있는 자신을 발견할 것입니다. 도서관 법칙은 우리가 이미 암묵적으로 알고 있는 것입니다.

도서관 법칙과 같은 과정 목표는 보다 구체적이고 현실적이기 때문에 목표를 달성하기 위해 매우 좋은 방법입니다.

Big Win은 Small Win과는 다릅니다. 큰 목표를 달성하기 위해서 무엇보다 중요한 것은 마음가짐입니다. 오직 나 혼자서 단순한 일상을 견뎌야 하기 때문에 '나 자신과 절대 타협해선 안 되는 무언가'에 집중해야 합니다. 만약 마라톤 완주를 목표로 연습을 한다고 가정하고, 오늘 연습 목표가 15km이면, 죽을 각오로 반드시 목표를 달성해야 합니다. 오직 오늘의 목표에 모든 것을 집중해야 합니다. 1시간 정도 달리면 그만 뛰고 싶다는 유혹과 이 정도면 충분하다는 자신과의 타협 욕구가 계속됩니다. 하지만 목표가 15km이면 고통을 참고 계속 달려야 합니다.

Big Win을 성공하기 위해서는 고통을 인내하고, 온갖 방해 요소와 심지어 주변의 비판과 오해도 감수하면서 목표를 향해 나아가야 합니다. 이 과정에서 마주하는 제일 큰 '적'은 바로 '나 자신'입니다. 오직 자신과의 싸움입니다. 이 싸움에서 이겨야 다음 단계로 나아갈 수 있습니다.

인생에서 큰 목표를 달성하는 비법은 바로 '과정 목표와 나 자신과 타협하지 말라'입니다. Big Win은 인생을 살면서 너무 자주 사용하지 마시고, 꼭 달성하고 싶은 큰 목표가 나타나면, 이 비법을 사용해 보시기 바랍니다. 오랜 시간이 필요한 Big Win의 경우, 주변으로부터 이기적이란 오해도 감수해야 하고, 가까운 친구들이 멀어지는 것도 감수해야 합니다. 하지만 이런 상황들을 전혀 걱정할 필요 없이, 오로지 지루한 일상을 견디며 오늘의 목표에만 집중하다 보면, 성공의 기쁨과 함께 다시 좋은 친구들이 주변에 몰려올 것입니다.

누구나 'Big Win'의 비법을 제대로 사용한다면 동네 뒷산도 못 오르는 저질 체력으로 에베레스트 정상에 오를 수도 있고, 김주영쌤 없어도 서울대 의대에 합격할 수도 있습니다. 목표를 달성한 자신의 모습을 상상하는 것만으로도 설렘과 열정이 생겨날 것입니다.

어느 인터뷰에서 박찬호 선수가 메이저리그 시절 팀 동료들과 매일 5km 러닝 훈련을 하면서 너무 힘들었다고 합니다. 그때마다 다음과 같은 생각을 했다고 합니다.

-

"나보다 앞서가거나 뒤처진 사람들은 기준이 되어서는 안 된다.
내 삶의 기준은 나 자신이며 내 한계에 도전하는 일이
나를 더 강하게 성장시키고 삶을 풍요롭게 한다."

〈박찬호 선수〉

04

축적의 시간

만 21세의 나이로 최연소 홈런왕이 되었으며, 한 시즌 56홈런으로 아시아 신기록을 세웠으며, 골든글러브를 10회나 수상하였으며, 한국과 일본에서 기록한 홈런의 총합이 무려 624개나 되는 한국 프로야구의 살아있는 전설 이승엽 선수가 2017년 프로야구 신인 선수 교육 강의 중 다음과 같은 이야기를 합니다.

"제가 현역 생활을 오래한 비결은 욕심입니다. 목표를 설정하면 그것을 달성하고 더 높은 목표를 잡고 또 이뤄내는 식의 상향 조정을 거듭한 결과 이 자리에 왔습니다. 처음에는 야구 선수가 꿈이었습니다. 야구 선수가 되니, 국가대표가 꿈이 되었습니다. 국가대표가 되니, 프로야구 선수가 꿈이 되었고, 삼성라이온즈 주전이 목표가 되었습니다. 여러분이 행복하면 주변도 행복해지고, 여러분이 불행하면 주위가 다 불행해집니다. 모두가 행복해지려면 자제력이 필요합니다."

신문 기사의 내용을 그대로 옮긴 것입니다. 이승엽 선수와 개인적 친분은 없지만, 이런 생각과 말을 할 수 있는 사람이라면 정말 훌륭한 인격자일 거라는 생각이 들었습니다.

이승엽 선수는 향상심에 관한 이야기를 하고 있습니다. 자신의 한계 밖에 목표를 설정하고 한계를 넘어서기 위해 열심히 노력할 때 우리는 성장하고 인격적으로도 성숙해지는 것이라 생각됩니다.

향상심은 몇 년 전 유행했던 그릿과 비슷한 의미입니다. 그릿(GRIT)은 IQ, 재능, 환경을 뛰어넘는 열정과 끈기입니다. 그릿은 탁월함의 실체이며, 절대 포기하지 않는 힘입니다. 그릿의 전제 조건은 자신의 관심사를 분명히 하는 것입니다. 내가 좋아하는 일을 찾고 그 일을 끝까지 하는 것이 그릿의 전부입니다.

2018년 저희 회사 강연에 초빙된 '축적의 시간'의 저자 서울대 산업공학과 이정동 교수님은 다음과 같이 강조합니다. "성공을 위해서는 자기가 좋아하는 분야의 고수가 되어야 합니다. 고수가 되는 방법은 스케일 업(Scale Up)입니다. 스케일 업은 고통스러운 시행착오의 축적 과정입니다. 다이슨은 먼지 봉투 없는 청소기를 만들기 위해 15년 동안 5,126개의 시제품을 만들어 시험하여 실패하였고, 5,127번째 성공하였다고 합니다. 여러분들은 돈에 유혹되지 말고 시행착오, 즉 경험에 유혹되세요. 작은 차이를 내는 행위를 지속적으로 하면 큰 변화를 만들 수 있습니다."

향상심, 그릿, 축적의 시간과 같이, 오랜 시간 목표를 향해 끈기 있게 노력하는 것이 성공의 비밀이라고 많은 사람들이 강조하고 있습니다.

페이스북 창업자 마크 저크버그는 다음과 같은 이야기를 합니다. "혁신이란 대단한 아이디어를 구현하는 것이 아니라 남보다 더 많이 하는 것입니다."

중국 전자상거래 시장의 80% 이상의 점유율을 가지고 있는 알리바바의 창업자 마윈은 더욱 절실하게 축적의 시간을 강조합니다. "선택했으면, 견디고 견디고 또 견디세요. 절대 포기하지 마세요."

05

목표와 꿈

당신은 꿈이 무엇입니까? 당신의 목표가 무엇입니까? 이러한 질문을 많이 받아 보았을 것입니다. 목표와 꿈은 같은 것일까요? 아니면 다른 것일까요? 다들 생각하시는 것처럼 분명히 다릅니다.

기본적으로 목표는 조금 낮은 곳에 위치하고 꿈은 높은 곳에 위치하고 있습니다. 목표는 달성 가능한 위치에 있어야 하고, 꿈은 달성이 쉽지 않은 혹은 불가능에 가까운 곳에 위치하고 있어야 합니다. 왜냐하면 꿈은 우리 삶의 등대 같은 역할을 해주어야 하기 때문입니다. 즉 꿈의 역할은 나침반과 같이 우리 삶의 방향을 잡아주는 것입니다. 비록 꿈을 달성하지 못하더라도 그곳을 향해 열심히 나아갈 수 있다면 꿈은 그 의미가 충분합니다. 그렇기 때문에 꿈은 크게 꾸어야 합니다. 너무 빨리 꿈을 이루고 나면 많은 사람들이 방향성을 잃고 방황하게 됩니다. 꿈을 멀리 두고 나와 꿈 사이에 목표를 설정하시면 됩니다. 목표는 달성하라고 존재하는 것입니다 목표는 꿈과는 달리 항상 달성하려고 노력해야 합니다. 그렇기 때문에 꿈은 조금 막연해도 좋지만, 목표는 분명하고 구체적인 것이 좋습니다. 앞서 소개한 small win과 big win은 목표를 의미하는 것입니다. 그러므로 항상 구체적이고 명확하게 수립하고 항상 달성하려고 노력하는 자세가 필요합니다.

이러한 꿈과 목표에는 중요한 공통점이 한 가지 있습니다. 바로 설렘입니다. 꿈을 꾸고, 목표를 달성한 나의 모습을 상상해 보면 설렘이 생깁니다. 만약 설렘이 없다면 꿈과 목표의 방향을 수정하셔야 합니다. 무엇을 상상해도 설렘이 생기지 않는다면, 습관에 문제가 생긴 것입니다. 습관을 만들고 습관에 집중하다 보면 자연스럽게 나를 설레게 하는 목표와 꿈이 나타날 것입니다. 이렇듯 습관은 우리가 미처 알지 못하는 엄청난 힘을 가지고 있습니다. 습관을 믿고 열심히 습관을 따라가시다 보면 분명 좋은 일들이 많이 생겨날 것입니다.

-

"자신 있게 꿈을 좇으라. 상상했던 삶을 살라.
당신의 삶을 단순하게 만들면, 우주의 법칙도 단순해진다."
〈헨리 데이비드 소로, 19C 미국 수필가〉

06

습관의 힘

1장의 결론은 좋은 습관을 만들고 유지하면 누구나 부자가 될 수 있다는 것입니다. 왜냐하면 습관에는 정말 중요한 힘이 있기 때문입니다. 물리학자들은 우주를 구성하는 4가지의 힘이 존재한다고 합니다. 중력, 전자기력, 강한 핵력, 약한 핵력이 그것입니다.

저는 여기에 습관의 힘을 추가하고 싶습니다. 습관에는 중력만큼이나 위대한 힘이 있기 때문입니다. 습관이 가지는 위대한 힘을 크게 세 가지로 요약할 수 있습니다.

① 습관은 우리에게 삶의 방향성을 제시한다

습관의 가장 중요한 속성은 우리가 무엇을 좋아하는지를 분명하게 알려 준다는 것입니다. 습관은 우리에게 삶의 방향성을 제시하는 놀라운 힘이 있습니다. 이것이 가장 위대한 습관의 힘입니다.

습관이 없는 사람은 없습니다. 하지만, 습관이 없다면 방향성 없이 제자리를 맴도는 삶을 사는 사람이 될 것입니다. 나쁜 습관을 오래 가지고 있으면 나쁜 결과를 가져오고 반대로 좋은 습관을 오래 지속하면 생각지도 못한 좋은 결과를 가져다줍니다. 이렇듯 습관은 우리에게 방향성을 제시하기 때문에 습관을 지속하다 보면 '내가 무엇을 좋아하는지? 내가 무엇을 하고 싶은지?'를 비교적 정확하게 알 수 있습니다. 그러므로 좋은 습관을 가지면 좋은 꿈과 좋은 목표를 가질 수 있습니다. 무엇이 나를 설레게 하는지를 알 수 있게 되는 것입니다. 습관은 캄캄한 밤바다의 등대와 같은 역할을 해주는 것입니다.

프롤로그에서 부자는 자유로운 사람이고 자유로운 사람이 되기 위해서는 내가 좋아하는 것을 추구해야 한다고 했습니다. 그런데, 많은 사람들이 내가 무엇을 좋아하는지 잘 모르고 살아갑니다. 심한 경우 설렘조차 잊어버리고 살아가는 사람들도 많습니다. 이때는 습관을 의심해봐야 합니다. 습관이 무너져 있다는 것은 삶의 방향성을 상실했다는 것입니다. 그때는 작은 습관을 하나둘 다시 만들어나가야 합니다. 습관들이 쌓이기 시작하면 설렘이 되살아나고 커지게 되고, 내가 무엇을 하고 싶은지 보다 분명해질 것입니다.

② 습관은 우리에게 시간 여유를 준다
습관의 두 번째 중요한 본질은 우리에게 남들보다 더 많은 시간을 제공해 준다는 것입니다. 모두 공평하게 하루 24시간을 부여받은 것 같지만, 절대 그렇지 않습니다. 시간이 공평하지 않다는 것은 아인슈타인의 상대성 이론으로도 설명이 가능합니다. 중력이 높은 아래층에 사는 사람의 시계가 고층에 사는 사람의 시계보다 느리게 흘러가고, 빠른 속도로 움직이는 사람의 시계는 정지해 있는 사람의 시계보다 느리게 흘러가지만, 그 차이가 너무 작아 우리는 그것을 인식하지 못할 뿐입니다. 하지만, 좋은 습관을 많이 가지고 있는 사람들은 그렇지 않은 사람들보다 훨씬 더 많은 시간을 가질 수 있습니다.

기본적으로는 일상으로 반복되는 행동들이 습관화되어 있으면 남들보다 더 빨리할 수 있게 됩니다. 물론 습관화된 행동으로 더 좋은 결과를 가져올 수 있습니다. 그리고 좋은 습관은 잡념과 같은 쓸데없는 생각을 없애주고, 무엇인가 중요한 일에 집중할 수 있게 해줍니다. 습관에는 방향성이 있기 때문에 습관에 집중하다 보면 자연히 가속도가 붙으면서 삶의 군더더기가 줄어들게 되며, 그 덕분에 우리는 정말 중요한 일에 집중할 수 있습니다. 여유를 가지고 내가 하고 싶은 일들에 많은 시간을 투자할 수 있게 됩니다. 우리는 뭔가를 하려고 하면 항상 시간이 부족합니다. 특별히 하는 일도 없는 것 같은데 항상 시간 부족에 시달립니다. 이것은 바로 많은 나의 일상이 습관화되어 있지 않다는 것입니다. 습관을 만들다 보면 신기하게도 여유 시간이 생겨납니다. 이렇게 생긴 시간은 바로 남들에게는 주어지지 않은 나만의 특권과 같은 시간들입니다. 이런 시간들이 삶의 여유를 주고, 자유를 주기 때문에 바로 나를 부자로 만들어 주는 소중한 시간들인 것입니다.

③ 습관은 우리에게 자신감을 심어 준다

삶을 살아가다 보면 패배주의, 허무주의에 빠지기도 하고, 시련의 시기도 지나야 하고, 고단하고 지루한 일상을 견디기도 해야 합니다. 누구에게나 이러한 시간은 필연적으로 찾아옵니다. 솔직히 이러한 시간들이 찾아오면 별다른 대책은 없습니다. 그저 참고 견디는 방법밖에 없을 수도 있지만, 가장 현명한 방법은 조금의 힘을 내어서 무엇이라도 나만의 좋은 습관을 만드는 것입니다.

2018년 출간된 '아주 작은 습관의 힘'의 저자 제임스 클리어는 고교 시절 동료 선수 야구 배트를 맞고 의식을 잃고 쓰러져 사망 선고 직전까지 갔었고, 이후 제대로 앞을 볼 수도, 걸을 수도 없는 몸 상태로 좌절의 시간을 보내고 있을 때, 야구 선수의 꿈을 포기할 수 없었던 제임스는 작은 습관에 집중하기 시작합니다. 제임스는 제일 먼저 일찍 잠자는 수면 습관을 만들었고, 두 번째는 자신의 방을 깔끔하게 정리하는 습관을 만들었다고 합니다. 별것 아니었지만, 이러한 습관이 다시 그에게 자신감을 심어주었고, 나중에는 근력운동, 야구훈련 같은 보다 큰 습관까지 만들 수 있게 되었다고 합니다. 결국 제임스는 사고 후 6년 뒤 기적처럼 전미 대학 대표로 선출되었고, 최고의 선수에까지 선정이 되었습니다. 그는 자신의 경험담을 담은 책을 출간하게 되었고, 전 세계적으로 베스트셀러가 되었습니다.

제가 말씀드리고 싶은 것도 동일합니다. 습관을 만들다 보면 눈에 보이지 않는 알 수 없는 힘이 조금씩 생겨납니다. 이 힘이 중요합니다. 이 힘은 자신감 그리고 자존감을 만들어 주는 힘입니다. 자신감이 넘치는 사람, 자존감이 높은 사람이 되고 싶다면, 지금 이 순간 나만의 작은 습관들을 만들어보시기 바랍니다. 지금 시련의 시간을 지나고 있다면 습관 만들기 좋은 시간이 되었다고 생각하고 힘을 내어 새롭고 재미있는 작은 습관을 만들어보시기 바랍니다. 이렇게 습관을 만들면서 힘든 시간을 견디면, 다시 밝은 빛의 시간이 왔을 때 남들보다 훨씬 더 강력하고 위대한 사람이 되어 있을 것입니다.

일상 속에서 좋은 습관을 하나둘 만들어가며, 습관의 힘을 믿게 되면, 삶에 거칠 것이 없어지고 무엇이든지 할 수 있다는 자신감이 생깁니다. 이러한 자신감은 상당히 근거 있는 자신감이기 때문에 매우 강력하게 오래 지속될 것입니다.

좋은 습관을 만드는 것, 그것이 부자 되는 비법의 전부입니다.

제 2 장

생각을 나누다

01

생각을 나누다

습관의 중요성, 특히 작은 습관의 중요성을 1장에서 말씀을 드렸습니다. 2장에서는 우리가 가져야 할 좋은 습관 中 하나인 생각을 나누는 것에 대한 이야기를 하려고 합니다. 왜냐하면 인간답게 삶을 사는 최고의 좋은 방법이기 때문입니다.

생각을 나눈다는 것은 다른 사람의 생각을 들어보고 또한 내 생각을 표현하는 것입니다. 책을 읽고, 여행을 가고, 주변 사람들과 대화를 나누는 것 모두 생각을 나누는 행위입니다. 그리고, 나에게 질문을 하는 것도 나와의 생각을 나누는 것입니다. 이렇게 생각을 나누다 보면 사고의 폭과 깊이가 점점 커져갑니다. 그리고 우리의 상식이 더욱 풍부해집니다. 상식이 풍부해진다는 것은 좋은 세계관을 형성한다는 것입니다. 좋은 세계관을 가지면 세상의 아름다움을 바라볼 수 있는 시선이 생깁니다. 이런 시선을 가진 사람이 진정한 부자입니다.

그러면 어떻게 생각을 나누는 것이 좋은 방법일까요? 의외로 우리 사회는 생각 나누기가 잘 되고 있지 않습니다. 왜냐하면 어릴 때부터 습관화되어 있지 않고, 성장기 동안 수없이 서로가 서로에게 상처 주고 상처받으면서 어른이 된 후 어렴풋이 깨닫기 때문입니다. 누구도 제대로 생각을 나누는 방법을 알려주지 않기 때문에 우리 모두가 생각 나누기를 어려워하고 어색해합니다. 우선 제일 좋은 생각 나누기가 상대와 대화를 하는 것인데, 대화는 좋지만 논쟁은 그다지 좋은 방법이 아닙니다. 논쟁으로 시비를 가리지 말고 상대와 나의 생각을 주고받는 것이 중요합니다. "당신은 그렇게 생각하는군요. 저는 이렇게 생각합니다." 그저 서로의 생각을 주고받는 것이 좋습니다.

많은 사람들이 자신의 생각을 표현해야 할 때 제대로 못 하는 경우가 많습니다. 올바른 생각 나누기를 위해서는 어느 정도 연습과 습관화가 필요합니다. 특히 자신의 생각을 제대로 표현하는 것이 중요합니다. 이러한 것들은 어린 시절부터 습관화시키면 더욱 좋겠지만, 나이가 들어서도 충분히 가능합니다.

생각을 많이 나누다 보면 알 수 없는 품격의 힘이 생겨납니다. 이러한 품격의 힘은 나를 높은 곳으로 올려줍니다. 진정한 부자가 되도록 만들어 주는 힘입니다.

부자가 되기 위한 최고의 습관은 바로 생각 나누기 습관입니다.

02

한 귀로 듣고 한 귀로 흘려라

저는 "한 귀로 듣고 한 귀로 흘려라"라는 말을 자주 합니다. 남의 생각을 굳이 차단할 필요도 없고, 굳이 상대의 생각을 내 머릿속에 저장할 필요도 없습니다. 그냥 흘려들으면 됩니다. 자연스럽게 남의 생각이 흘러가면서 나의 사고에 조그만 변화를 만들어 줍니다. 가끔은 큰 변화를 만들어 주기도 합니다. 끊임없이 생각과 생각이 만나면서 세상에 없던 새로운 생각이 만들어지는 것입니다. 앞서 언급한 생각을 나누는 것과 같은 의미입니다. 이러한 정반합의 과정을 반복할수록 사고력은 향상되는 것입니다.

2019년 6월 말 팀원 몇 명과 함께 회사 시험장이 있는 서산으로 1박 2일 출장을 갔습니다. 업무를 모두 마치고 팀원들과 함께 저녁을 먹었습니다. 저녁 메뉴는 튀김 족발이었는데 아주 이색적이었습니다. 보통 족발은 말랑말랑한 껍데기의 젤라틴 식감과 속 살고기의 조합이 일품인데, 이 집의 족발은 치킨처럼 바싹 튀긴 껍데기 부분과 부드러운 속살의 조합이 족발 맛의 풍미를 더해 주었고, 질리지 않는 담백한 맛이어서 호불호가 없이 모두가 좋아하였습니다.

다들 신나게 술을 마시면서 많은 이야기를 나누었습니다. 주로 업무 이야기와 서로의 신변잡기를 묻고 답하던 도중에, 최근 정치 이야기로 흘러가게 되었습니다. 한참 동안 열을 올리며 이야기할 때, 평소 스마트하면서도 주변 사람들에게 사려 깊은 팀원 한 명이 지난 대선 때 있었던 이야기를 들려주었습니다. 그가 던진 화두에 저는 많은 충격을 받았습니다. 그 친구는 본인이 열심히 후보들을 살펴본 다음 자신의 판단으로 특정 후보를 지지하겠다고 마음먹고 그 후보를 찍었다고 합니다. 문제는 대선 이후, 그 친구가 자신의 생각과 소신을 이야기할 때마다 부모님한테도 혼나고, 친구들한테도 혼났다는 겁니다. "너는 도대체 생각이 있는 사람이냐?" 등등. 그 이후 그 젊은 후배는 어디 가서 자신의 정치적 소견을 말할 수 없었으며, 정치 이야기만 나오면 내내 침묵을 지킬 수밖에 없었다는 것이었습니다. 더욱 웃기는 것은 함께 술을 마시던 나머지 2명도 비슷한 경험의 이야기를 그제서야 꺼내는 것이었습니다.

참으로 개탄스러운 상황이었습니다. 도대체 누가 이들의 입을 틀어막았나? 라는 생각이 들었습니다. 우리 사회가 이분법적 사고의 오류와 흑백 논리에 빠져들어 다른 어떤 생각들은 도저히 받아들일 수가 없는 지경에 빠진 것입니다. 정치 이야기를 할 때 강하게 주장하는 논리들을 가만히 들어보면 주장하는 논리와 근거가 비슷한 경우가 많습니다. 마치 표준서를 읽고 외운 것처럼 정치적 인물과 사건들을 바라보는 시각이 누구나 비슷하게 이야기를 합니다. 왜 그럴까요? 그것은 바로 자신의 생각에서 나온 말이 아니기 때문입니다. 소위 싱크탱크라고 불리는 사람들의 논리를 듣고 옮긴 것에 불과하기 때문입니다. 지식인들이 이러한 오류에 더욱 쉽게 빠집니다. 복잡한 정치 역학을 머릿속에 잘 이해하면 마치 나의 정치적 논리인 것처럼 본인도 착각할 수 있습니다.

사실 그 누구의 잘못도 아닙니다. 우리 사회에 만연하는 이분법적 사고는 언론에서 조장하는 경향이 높습니다. 대형 언론은 자본에 의해서 만들어지는 것이고, 그 자본이 추구하는 가치를 대변하기 때문입니다. 언론은 교묘하게 사실만을 전달하는 것처럼 포장하지만, 사실이라는 것은 관점에 따라 하늘과 땅처럼 차이를 낼 수 있습니다. 어떤 사건도 어떤 관점에서 바라보고 조명하는가에 따라 다르게 보이기 때문입니다. 많은 사람들은 언론이 쏟아내는 논리를 그대로 받아들이는 경향이 높습니다. 언론과 유력한 싱크탱크들이 퍼트리는 사건의 관점에 우리는 보다 비판적인 시선으로 바라보아야 합니다. 내가 좋아하는 정치인과 좋아하는 패널의 이야기일지라도 내 생각을 더해 새로운 시선을 만들어내야 합니다. 그리고 항상 사건의 이면을 보려고 하는 습관을 길러야 합니다. 어떻게 역사적 사건에 두 가지 시선만 존재할 수 있을까요? 우리들은 어느새 나와 다른 견해를 가지고 있는 사람들을 존중하는 법을 잊어버리고, 논쟁하거나, 설득하거나, 비판하는 실력만 늘어가고 있습니다.

사회가 흑백 논리에 빠져들수록 강해지는 것은 권력입니다. 우리는 절대 이분법적 논쟁의 수혜자가 아닙니다. 우리끼리 시비를 가리고 논쟁할수록 권력의 독재는 가속화됩니다. 정치 권력, 언론 권력, 종교 권력, 경제 권력 등 수 많은 권력들이 생겨나고 독점화되고 공고히 할 수 있는 토대를 만들어 주는 꼴입니다. 편 가르기는 어리석은 행위입니다. 다양한 생각과 생각이 교차하면서 새로운 생각들을 만들어낼 때 우리의 사회는 발전하고, 큰 권력이 자리 잡을 틈이 없어집니다. 자연히 우리에게 그 권력이 오는 것입니다.

당연히 상식에 기반한 정의와 공익은 언제나 존재하고 우리는 그것을 존중할 줄 알아야 합니다. 하지만, 정의와 공익을 지키는 것과 흑백 논리를 강화시켜 이 사회의 독버섯 같은 독점 권력들을 공고히 해주는 행위는 구분되어야 합니다. 언제부터 우리는 흑백 논리에 빠져 같은 견해를 가지는 동지를 찾아 위로받고, 다른 견해를 가지는 적을 가려내어 비판하게 된 것일까요?

얼마 전 세바시 강연에서 들은 이야기입니다. 강사가 미국에서 공부할 때 친했던 미국 지인이 큰 회사의 임원이 되자 전화를 걸어 축하 인사를 하면서, 그 회사에 다니는 한국인 직원들이 일을 아주 잘 하지 않느냐고 자랑스럽게 물어보았는데, 뜸을 들이던 미국 친구의 답변은 다음과 같았다고 합니다. "한국인 직원들은 대학 공부를 아주 잘한 것 같긴 한데, 초등학교 교육은 건너 뛴 사람들 같다"

공감이 가는 말이었습니다. 우리나라 교육 현실에서 보면, 초등학교부터 입시 공부에 내몰려 모든 청춘을 받친 우리 아이들이 어떻게, 언제 상대주의적 관점에서 듣고 말하는 것을 배우겠습니까? 그저 누군가의 지식을 배운 다음 마치 나의 생각인 것처럼 주장하는 사회가 되어 버린 것이지요. 이것은 분명 잘못된 교육 제도입니다. 우리 아이들의 교육은 자신의 생각을 말할 수 있도록 해야 하고, 상대의 생각을 편견 없이 들어주는 지속적인 연습을 할 수 있는 시간을 주어야 합니다.

지금까지 우리는 생각을 나누는 법을 제대로 배우지 못하였지만, 이제부터라도 우리 사회의 다양한 생각이 서로 오갈 수 있도록 함께 노력했으면 좋겠습니다. 그래야 사회의 상식 수준이 높아지고 우리가 주인인 세상이 되는 것입니다. 어느 누구도 타인의 생각과 표현을 막을 권리가 없습니다.

우리가 그 흔한 표현의 자유조차 누리지 못하고 있다는 것이 얼마나 슬픈 현실입니까? 그것도 나와 가장 가까운 동료나 친구 가족들에게 나의 표현의 자유를 빼앗기고 있는 것입니다.

　2019년 6월 LPGA에서 역대 최고의 상금이 걸린 US여자 오픈 경기가 열렸습니다. 경기가 시작되기 전 타이거우즈 캐디 출신으로 거액을 받고 타이거우즈의 사생활을 폭로한 적이 있었던 미국인 방송 해설자가 한국인 선수들을 비하하는 발언을 하였습니다. 방송이 나가고 비판이 일면서 방송 해설자는 방송에서 하차를 해야 하는 사건이 있었습니다. 당시 재미 교포인 미쉘 위는 곧바로 그녀의 SNS를 통해 그의 발언을 강하게 비판하였지만, 당사자인 한국의 많은 선수들은 그냥 침묵하고 유야무야 흘러갔습니다. 왜 한국 선수들은 자신들을 비하하는 미국 방송 해설자에게 강하게 반박하지 못했을까요? 사실 우리 대부분이 비슷합니다. 자신의 감정이나 생각을 잘 표현하지를 못합니다. 자신의 생각을 용기 있게 표현하는 것은 결코 쉽지 않은 일입니다. 하지만, 꾸준히 연습하고 습관화하면 누구나 자신의 생각을 적절한 방식으로 표현할 수 있게 됩니다. 그런 표현들이 모여 우리 사회를 상식적인 세상으로 만드는 것입니다.

　침묵은 금이 아닙니다. 우리 모두가 함께 서로의 생각을 나누는 사회를 만들어야 상식이 풍성해지고 사람 살기 좋은 세상이 되는 것입니다. 우리 사회가 부자 되는 가장 좋은 방법은 서로의 생각을 많이 나누고, 서로가 서로의 표현의 자유를 보장해주는 사회 문화를 만드는 것입니다. 이 점 꼭 명심했으면 좋겠습니다.

03

현대옥

2019년 7월, 오랜만에 대구에 내려가 중학교 친구 규영을 만났습니다. 범어동 사거리에 위치하고 있는 전주식 콩나물국밥집 현대옥에서 만났습니다. 기억을 더듬어 보면 최근에는 주로 이곳에서 규영을 만났던 것 같습니다.

제가 주로 만나는 사람들은 대부분 대학교 동아리 동기들과 선후배들입니다. 천체를 관측하고 밤하늘 별들의 사진을 찍는 아마추어 천문 동아리로, 사람들이 좋아 아직까지 다양한 조합의 모임을 지속하고 있습니다. 동아리 사람들을 제외하면 대부분 회사 사람들과 어울려 술 한잔하고 그 밖에 만나는 사람들이 중학교 동창 몇 명입니다. 회사가 인근에 있는 도균은 가끔 만나지만, 대구에 있는 규영은 전화는 가끔 하지만 이번에는 거의 3년 만에 만나게 되었습니다.

약속 장소에 조금 일찍 도착해서 친구를 기다리는데, 멀리서 싱글벙글 웃으며 다가오는 친구가 그리 반가울 수가 없습니다. 중하교 2학년 처음 보았을 때랑 변한 것이 없습니다. 5시가 조금 넘은 이른 저녁 시간에 들어선 현대옥 안에는 손님이 거의 없었고, 한 테이블만 모녀로 보이는 두 사람이 조용히 국밥을 먹고 있었습니다. 술을 마시러 들어온 우리 둘은 조금 멀찍이 구석에 자리를 잡았습니다. 친구는 대뜸 불로막걸리 1개와 두부김치를 안주로 시켰고, 막걸리가 먼저 나오자 시원하게 잔을 비우고 서로 채웠습니다. 이야기는 중학교 시절에 있었던 에피소드들로 시작이 되었습니다. 다양한 이야기 주제들을 가지고 한치의 쉼도 없이 마치 말 잇기 게임이라도 하듯이 끊임없이 대화를 이어나갔습니다. 어느덧 시계는 9시를 넘어가고 있었고, 막걸리는 6병을 넘어 마시고 있었습니다. 현대옥 홀은 국밥을 먹으러 온 손님들로 가득 찼다가 다시 조용해진 상태였습니다. 규영이와 나는 그렇게 현대옥에서 4시간 가까이 대화를 나누었습니다. 함께 분당에 살던 시절, 사업 이야기, 회사 이야기, 건강 이야기, 옛 친구들 이야기 그리고 요즘에는 일주일에 한두 번 창녕에 가서 텃밭을 가꾼다는 친구의 일상까지 쉼 없는 대화를 이어나갔습니다. 마지막으로 아이들이 모두 고등학교를 졸업하는 몇 년 뒤에는 두 가족이 함께 뉴질랜드로 여행을 가자고 약속하며 헤어졌습니다.

짧은 시간이었지만, 참으로 행복한 시간이었습니다. 어떻게 보면 결론도 없고, 쓸 데도 없는 대화들의 향연이었지만, 기분 좋은 취기가 오래 지속되는 하루였습니다. 도균이, 규영이 같은 중학교 시절 친구들을 만날 때면 늘 그렇게 할 이야기들이 많습니다. 항상 시간이 너무 빨리 흘러갑니다. 검정색 교복의 마지막 세대였던 우리가 15살에 서로 만나 50을 넘긴 두 친구는 35년간 만날 때마다 변한 것 없이 항상 비슷한 분위기로 대화를 합니다. 조금은 시끄럽게, 끊김이 없고, 유쾌하게 웃으며, 다양한 소재들로 시간 가는 줄을 모르고 떠들어 댑니다.

  친구와 헤어져 가는 길에 이런 생각이 들었습니다. "주변에 좋은 친구들이 참으로 나의 삶에 큰 힘이 되고 있구나. 가족에게서 위로 받을 수 없는 무언가는 친구들을 통해 위로를 받는구나." 정말 기운이 났습니다. 정치적 견해도 다르고, 종교도 다르고, 생활도 다르지만 친구와 나는 서로의 생각을 끊임없이 나누었습니다. 계속 웃어주면서 끄덕여주면서 이야기를 나누었습니다. 이런 좋은 친구들이 "나의 삶에 위로가 되어주고, 나의 삶에 스승이 되어주고, 나의 삶의 무게 중심이 되어주어서 지금까지 온전한 삶을 살 수 있었겠구나"라는 생각이 들었습니다. 지금까지 나에게 용기와 힘을 주었던 수 많은 친구들이 무척이나 고맙고 그리운 밤이었습니다.

04

탁월한 사유의 시선

　서강대 철학과 최진석 교수님은 '탁월한 사유의 시선'에서 다음과 같은 말들을 합니다.
　"지식의 범위를 넘어서는 것이 앎이다. 모르는 것을 알기 위해 탐험하고, 모험을 해야 한다. 그것이 창의적 인간이고, 창의성은 인간성의 기본이다. 일등을 지향해선 안 된다. 일류를 지향해야 한다. 일등은 기존의 틀 속에서 잘하는 사람이고, 일류는 새로운 틀을 만드는 사람이다. 일류는 세상의 변화를 야기시키는 사람이다. 일류는 꿈을 꾼다. 당신은 꿈이 있는가? 위대해지고 싶으면 꿈을 가져라.
　모든 인류의 문화는 표현의 결과이다. 맞고 틀리느냐의 결과가 아니라, 표현의 결과이고, 표현하는 자가 주도권을 가진다. 인간은 무엇인가를 만들어서 변화를 야기시키는 존재이다. 그것이 자연과 차이점이다. 시선이 높아진다는 것은 추상화, 관념화된다는 말이다. 눈에 보이지 않는 것을 볼 수 있는 시선을 가져야 한다. 당신의 시선은 어디에 있는가? 모험하지 않는 사람은 따라 하기만 하는 사람이다. 이들은 이론과 지식의 주체자가 아닌 수행자이며 전달자이다. 주체가 소외된 채 지식과 이론의 통로 역할만 한다. 우리는 지식의 전달자가 아닌 지식의 생산자가 되어야 한다.

대답을 잘하기보다는 질문을 잘하라. 대답을 잘하는 것은 지식이 높다는 것이지만, 질문을 잘하는 것은 창의력이 높다는 것이다. 즉, 시선이 높다는 것이다. 문화적이고, 선진적이고, 예술적인 사람은 늘 질문을 한다. 상급의 인간을 채우고 있는 것은 궁금함과 호기심이다. 너는 너냐? 너의 호기심이냐? 타인의 호기심이냐? 너의 생각이냐? 타인의 생각이냐? 돈키호테처럼 이룰 수 없는 꿈을 꾸는 것이 인간성의 본질이다."

그리고, 어느 신문사 인터뷰에서 최진석 교수님이 졸업하는 제자들에게 항상 들려주는 말이라고 합니다.

"자기 생각을 논증하기보다는 이야기로 풀어낼 수 있는 자, 모호함을 명료함으로 바꾸기보다는 모호함 자체를 품어 버리는 자가 되어라. 인생 방향은 다수결로 정하는 게 아니다. 내가 원하는 것, 내 욕망에 진실한 것이 중요하다."

최진석 교수님의 한 마디 한 마디가 저의 가슴 깊은 곳에 와 닿는 느낌을 받았습니다. 우리가 어떻게 삶을 살아갈 것인가? 에 대한 힌트를 주시는 것 같았습니다. 특히 교수님의 말씀 중 일류를 지향해야 한다는 말은 너무 맘에 들어 아들의 책상 위에 캘리그라 피로 멋지게 적어 놓았습니다.

최진석 교수님이 강조하신 일류의 개념은 와튼 스쿨 애덤 그랜트 교수의 '오리지널스'와 비슷한 개념입니다. 애덤 그랜트 교수의 베스트셀러 '오리지널스'에서 강조하는 것은 스티브 잡스, 링컨 같은 사람들은 기존에 없던 새로운 것들을 창조해낸 사람들이고 이들 같이 새로운 것을 창조하는 사람들을 오리지널스라고 지칭합니다.

최진석 교수와 애덤 그랜트 교수는 우리에게 기존의 틀을 깨고, 새로운 질서를 창조하는 사람이 되라고 독려합니다. 자신에게 늘 질문을 하고, 꿈을 꾸고, 꿈을 위해 노력하는 것이 바로 삶의 본질이라고 말하고 있습니다. 세상을 변화시키는 거창한 꿈의 시작은 좋은 습관을 통해 먼저 나를 변화시켜 나가는 것부터 시작되는 것입니다.

생각을 나누기 위해서 상대방의 생각을 경청하는 것도 중요하지만, 더욱 중요한 것은 자신의 생각을 표현하는 것이라 생각됩니다. 보다 세련된 방식으로 자신의 생각을 표현하는 방법을 찾아보시기 바랍니다. 어쩌면 내가 표현한 생각이 세상을 바꿀 수도 있을 것입니다.

제 3 장

人生의 품격

01

행복과 안녕을 빌미로
나의 자유를 포기할 수 있는가?

'우리들', '1984'와 함께 세계 3대 디스토피아 소설인 '멋진 신세계'는 미래 과학기술의 힘으로 누구도 불행하지 않은 세상을 그리고 있습니다. 굶주림과 실업, 가난이란 존재하지 않으며, 질병도 없고, 전쟁도 없으며, 예상 수명은 높고, 늙어도 표가 나지 않습니다. 누구도 고독하거나 절망을 느끼지 않고 불안해하지도 않으며, 모든 것이 즐겁고, 모두는 행복합니다. 그들은 태어나서 죽을 때까지 "우리들은 행복했다"라고 믿습니다. 얼핏 보면 멋진 유토피아라고 생각할 수도 있지만, 작가 올더스 헉슬리는 '자아가 상실된 채 느끼는 행복이 진정한 행복인가? 자유가 통제된 삶이 참다운 인간의 삶인가? 자유 없는 행복이 진정한 행복인가?'라고 질문합니다.

디스토피아 소설의 효시인 에브게니 자마틴의 '우리들', 동물농장으로 유명한 조지 오웰의 '1984' 모두 스토리 라인, 주제 의식이 비슷합니다. 1984에서 주인공 윈스턴은 감시카메라인 텔레스크린을 피해 일기를 쓰고 쥴리아를 만나 금지된 사랑을 나눕니다. 결국 감시자 오브라이언에게 붙잡혀 고문을 받고 체제에 순응하는 사람으로 재탄생한다는 내용입니다. 이 소설을 통해 조지 오웰은 '자유란 단어조차 없애면 자유가 무엇인지 모르게 될까?'란 질문을 던지고, 비판의식을 가지지 않으면 종속된 삶을 살게 된다는 메시지를 던집니다. '우리들'을 쓴 에브게니 자마틴은 자유에 대해 다음과 같은 이야기를 합니다.

"자유는 때때로 극도의 불안과 혼란을 동반하기에 세상 모든 것이 이성으로 통제되어 개인의 자유가 지워졌을 때 우리들은 행복했다. 그러나 행복과 안녕을 빌미로 나의 자유를 포기할 수 있는가? 포기할 수 없다면, 자신의 참모습과 직면할 수 있는 용기, 극도의 불안을 견뎌낼 수 있는 내면의 힘, 스스로 미래를 개척하려는 의지, 자유로운 사람으로 살기 위한 힘을 키워야 한다."

02

팝 아트의 선구자, 앤디 워홀

2019년 초, 친한 친구 아들이 자신이 희망하던 미대에 들어갔다는 소식을 듣고 무척 기뻐했던 기억이 납니다. 어릴 적부터 쭉 커가는 모습을 보았던지라 대견스럽기도 했고, 무엇보다도 미대에 들어간 것이 좋았습니다.

저는 앞으로 다가올 세상에서 가장 유망한 분야 중 하나가 미술 분야라 생각됩니다. 특히 미래 산업의 부가가치는 인간만의 감성을 드러낼 수 있는 미적 감각이 무엇보다 중요하다고 생각됩니다.

미국 오리건주에 리드 칼리지란 대학이 있습니다. 스티브 잡스가 다니다 비싼 등록금 때문에 중퇴한 것으로 유명한 대학입니다. 이 학교는 4년 동안 교양과목 특히 인문학 과목에 중점을 두고 교육을 합니다. 특이한 것은 이 학교에 합격하면 입학통지서와 함께 호메로스의 대서사시 일리아드, 오디세우스 두 권의 책을 보내 준다고 합니다. 대학에서 배워야 할 것은 지식보다는 세상을 바라보는 시선, 즉 올바른 세계관이 중요하다는 의미입니다. 인문학을 통한 기본적 세계관을 젊은 시절 형성하면서 자연스럽게 지적 능력을 배양하고 어떤 새로운 지식도 올바른 틀 속에 담을 수 있는 지혜가 생긴다는 뜻입니다.

그리스 철학자 플라톤은 스승 소크라테스가 독배를 마시고 죽자 충격을 받고 은둔에 가까운 생활을 하며 아카데미를 열어 청년들을 가르치고 저술 활동을 합니다. 당시 아테네의 법과 도덕, 정치적 상황에 실망한 플라톤이 이상적인 국가를 열망하며 쓴 책이 '국가'입니다. 특이한 점은 교육에 관한 내용입니다. 플라톤의 '국가'에서는 18세까지 음악, 체육, 문학, 수학을 중심으로 가르치고, 30세까지 봉사와 변증, 50세까지 공직에 나가서 실무를 익히고, 50세 이후에 지도자가 되어야 한다고 강조하고 있습니다. 지금 우리의 교육도 시, 음악, 미술과 같은 미적 감각을 키우는 교육에 집중해야 하지 않을까 생각합니다.

20세기 미술계의 천재 오리지널스 중 한 명이 앤디 워홀(1928~1987)입니다. 앤디는 1928년 미국의 슬로바키아 이민자 가정에서 태어납니다. 앤디의 인생 역정과는 반대로 그는 매우 수줍음이 많고, 여리고 여린 내성적인 성격의 사람이있다고 합니다. 미술을 전공한 앤디는 1950년대 년 수입 10만 달러가 넘는 수익을 내는 성공한 일러스터가 되지만, 안정된 직업을 버리고 순수 미술에 도전을 합니다. 당시 앤디는 시대의 변화를 정확하게 읽고 대중매체의 힘을 빌려 자신의 명성을 만들어나갑니다. 1962년 코카콜라, 캠벨 수프 깡통, 레몬 마릴린, 1963년 그린카 크래시, 은빛 리즈 등 유명인들과 사회적 이슈를 주제로 그림을 그리고 대중의 관심을 받게 됩니다. 미술평론가 이주헌씨는 당시 앤디 워홀이 느낀 현대 문화 구조의 인식은 다음과 같았다고 합니다.

"현대 사회는 소비자가 떠받치고 셀럽이 이끄는 사회이다. 최고의 셀럽은 슈퍼스타이다. 예술가도 스타가 되어야 자신의 아이디어를 소통시킬 수 있다. 각자의 분야에서 품은 뜻을 관철하기 위해서는 스타가 되는 것이 가장 빠른 방법이다."

심지어 앤디는 돈을 대중문화 시대의 아이콘이라 칭하며 다음과 같이 말합니다.

"난 돈으로 다 해결할 수 있을 때 가장 행복했다. 돈은 내게 순간을 결정하는 기회일 뿐 아니라 감정의 원천이다. 예술도 근원적으로 돈을 통해 아름다움을 획득한다."

이러한 앤디의 의식과 태도에 당시 엄청난 비난이 쏟아지지만, 앤디는 "나는 돈에 대한 편견을 가지고 있지 않다. 돈을 싫어하는 예술가를 본 적이 없다"라고 말하며 '달러 사인'이란 작품을 발표합니다.

세상의 많은 비판과 비난을 받은 앤디 워홀이지만, 그에게서 배울 점은 너무나 많습니다. 사실 그는 누구보다 워크 홀릭이었다고 합니다. 그의 아뜰리에를 팩토리라 부르고 "나는 기계가 되고 싶다"라고 하면서 본인은 늘 기계처럼 집요하게 작품에 집착하고, 엄청난 시간을 쏟아부었다고 합니다.

그리고 당시 미국의 한 미술평론가는 "앤디 워홀은 소녀의 감성에 전사의 심장을 지녔으며, 그는 무섭게 정직했다"라고 평가하였습니다. 앤디 워홀은 앞에서 에브게니 자마틴이 강조한 자신의 참모습과 직면할 수 있는 진정한 용기와 자유로운 사람으로 살기 위한 강한 내면의 힘을 가진 사람이었던 것입니다. 다음은 앤디 워홀의 말입니다.

-

"앤디 워홀에 대해 전부 알고 싶으면,
그저 내 그림과 영화, 내 모습의 표면을 보면 된다.
거기에 내가 있다. 그 뒤에는 아무것도 없다."

〈앤디 워홀〉

03

그리스인 조르바

앞서 앤디 워홀은 인간의 가장 기본적인 욕구들에 대한 솔직함으로 많은 비판을 받았습니다. 우리가 배우는 도덕, 법, 관습 등이 그렇게 만든 거라 생각됩니다. 하지만, 우리 마음속 내면의 자유의지를 꺾는 것들에 대해서는 비판적 시각으로 바라볼 필요가 있습니다. 누가 만든 도덕이고, 누구를 위한 법이고, 언제부터 시작된 관습인지를 나의 이성과 나의 상식에 기반하여 바라볼 필요가 있습니다.

프리드리히 니체는 조금은 극단적인 표현을 사용합니다. "도덕은 허구다. 도덕이 삶을 죽이기 때문이다. 세상에 진실은 존재하지 않는다. 오직 주관적인 해석만이 존재할 뿐이다." 우리가 배우고 자란 '착하게 살아라, 겸손하라, 인내심을 가져라.' 이런 것들을 노예 도덕이라 지칭합니다. 니체는 이러한 노예 도덕을 물리치고, 군주 도덕을 추구해야 한다고 강조합니다. 군주 도덕은 '강한 것, 고귀한 것, 아름다운 것, 행복한 것, 자유로운 것'이라고 합니다.

니체는 우리가 배우고 자라면서 노예 도덕에 길들어서 우리들의 능력은 힘센 자들의 능력에 미치지 못한다는 것을 알게 되고, 힘센 자들이 추구하는 고귀함, 힘셈, 아름다움, 행복 등의 귀족주의적인 것들은 무가치하고 악한 것이라고 생각하게 되었으며, 반대급부로 괴로움, 비천함, 겸손, 친절, 선량, 동정, 인내 같은 것을 선이라고 생각하게 되었다는 것입니다. 니체는 이러한 노예 도덕이 왜곡된 삶의 해석이기 때문에, 노예 도덕을 물리치고 강하고 충만한 군주 도덕을 부활시켜야 한다고 주장하고 있습니다. 즉 우리는 강함, 아름다움, 자유, 행복을 추구해야 한다고 강조하고 있는 것입니다. 그래서 니체는 자유로운 삶을 추구했던 디오니소스를 찬양합니다. 나치들은 이러한 니체의 사상을 엉터리로 해석하고 악용하였지만, 니체가 찬양한 디오니소스는 전쟁의 신이 아닌, 술의 신, 풍요의 신, 음악의 신, 낭만의 신, 비조형적 예술의 신, 이성과 합리성으로 설명될 수 없는 그 무언가의 신으로 추앙하고 있는 것입니다. 정해진 틀과 규칙을 깨뜨리고, 자유롭게 살고 싶은 갈망을 표출했던 디오니소스적 삶을 찬양한 것입니다.

니체의 인생관은 운명애, 즉 'Amor Fati'입니다. Amor Fati는 당신의 운명을 사랑하란 뜻입니다. 니체의 아모르 파티는 삶이 만족스럽지 않거나 힘들더라도 자신의 운명을 받아들여야 하며, 운명을 받아들인다는 것은 자신에게 주어진 고난과 어려움에 굴복하거나 체념하는 수동적인 삶의 태도를 의미하는 것이 아니라, 고난과 어려움까지 운명으로 적극적으로 받아들이고 삶을 긍정적으로 살아가라는 의미입니다. 그래서 니체 인생관을 긍정적 삶의 철학이라고 부릅니다. 니체는 인간 본연의 모습으로 돌아가려는 자유 의지를 가진 존재를 위버멘시라고 불렀습니다. 위버멘시는 영어로 슈퍼맨, 한국어로 초인이라고 번역이 되었습니다.

포항공대 이진우 교수님과 영남대 백승영 교수님의 '인생 교과서 니체 편'에서는 우리들의 삶의 태도에 대해 한 번쯤 생각해 보아야 할 것들을 이야기하고 있습니다.

"망치를 든 철학자 니체에게 일하는 것의 의미를 물어본다면, 니체는 다음과 같이 말할 것입니다. '현대인들은 자신이 노예인지 모르는 노예이다. 일이 놀이로서 느껴지지 않거나, 즐겁지 않거나, 외적 강요나 물질적 강요에 의해 일하는 것이라면, 그리고 미래의 행복을 위해 현재를 희생하고 있다면, 노예의 일을 하고 있는 것이다.

현대인들은 아무것도 하지 않는 상태를 견디지 못한다. 아무것도 하지 않으면 무언가를 놓치고 있다고 불안해하며, 노동자들은 한가한 휴식을 부끄러워하며, 오래 사색하는 것에 양심의 가책까지 느낀다. 우리가 소모적인 노동에서 벗어나지 못하는 이유는 그

것이 안정적이기 때문이다. 하루하루 나에게 익숙한 반복적인 일이 있고, 이 일을 다하면 규칙적인 보상과 만족이 있기 때문에 노동이 신성화되고 있는 것이다. 하지만 노동을 숭배하면 할수록 우리 삶은 점점 더 자유 실현의 가능성을 상실하게 되고, 이에 노동이야말로 모든 사람들을 억제하고 인간의 발전을 강력히 저지하고 있는 것이다.'

니체가 진정 바라는 것은 우리가 노동을 놀이로 삼는 것입니다. 자유로운 선택에 의한 것이고 즐거움과 재미와 기쁨이 놀이를 선택하는 동기가 되어야 합니다. 노동은 인간을 제자리에 머물게 하지만, 놀이는 인간을 자기발전으로 이끄는 생산적 행위이기 때문입니다. 니체는 다음과 같은 말을 합니다. '나는 위대한 과제를 대하는 방법으로 놀이보다 더 좋은 것을 알지 못한다. 그리고 행복이란 자기 극복을 이루었을 때 느끼는 감정이다. 그저 그런 노동으로 안주하는 것이 아니라, 놀이로서 일을 하고 놀이로서 자신을 극복할 때 일이 행복해질 수 있다.'

인생도 마찬가지입니다. 안락함에 안주하는 것이 아니라 자신이 성장하고 있다고 느낄 때 우리는 행복하다고 말할 수 있으며, 비록 가혹한 운명과 고통이 놓여 있더라도 오히려 그것으로부터 성장할 수 있기에 거침없이 그 길을 걸어야 한다고 니체는 말하고 있습니다."

니체의 삶과 니체의 사상을 깊이 있게 알 수는 없겠지만, 자유로운 삶, 긍정의 삶을 강조한 니체 사상의 일부분만이라도 우리가 제대로 실천할 수 있다면 보다 더 나은 삶을 살 수 있지 않을까 생각됩니다.

이러한 니체의 자유와 긍정의 삶에 감흥을 받아 만든 작품이 니코스 카잔차키스의 '그리스인 조르바'입니다. 이 소설의 줄거리는 비교적 간단합니다. 지식인인 '나'는 갈탄광 사업을 하기 위해 크레타섬으로 가던 길에 '조르바'를 만나게 되고, 광부들을 관리할 감독관 자리를 조르바에게 맡기게 됩니다. 도덕과 규범을 잘 지키며 살아온 지식인인 '나'는 길들여지지 않은 야생의 '조르바'를 도저히 이해할 수 없었지만, 크레타섬에서 그와 함께 생활하면서 조르바의 지나온 과거 이야기를 듣게 되면서 조금씩 그를 이해하게 됩니다. 나중에는 어떤 상황에서도 긍정을 잃어버리지 않는 인물, 잘못을 하고도 언제나 당당한 인물, 틈만 나면 산투리를 연주하고 춤을 추는 인물, 그런 조르바의 매력에 점점 빠져들게 됩니다. 소설 마지막 부분에서는 사고로 공사장이 무너져 전 재산과 같은 탄광이 사라져버리지만, 조르바가 지식인인 나에게 던진 한마디는 "웃어요"입니다. 그리고 나와 조르바는 무너진 탄광 앞에서 신나게 웃으며 춤을 춥니다.

1964년 명배우 앤서니 퀸 주연으로 영화화되기도 하였던 작품으로 많은 칭송과 비판을 동시에 받았지만, 세기의 명작 반열에 오른 작품임은 분명합니다. 니코스 카잔차키스는 평생 자신 작품 속의 주인공 조르바처럼 진정한 자유인을 꿈꾸었던 것 같습니다.

다음은 카잔차키스의 유명한 묘비명입니다.

-

"아무것도 바라지 않는다.
아무것도 두려워하지 않는다.
나는 자유다."
〈니코스 카잔차키스〉

04

배트맨 다크나이트

영국 BBC에서 2016년 전 세계 영화평론가 177인 투표를 거쳐 선정한 21세기 위대한 영화 102편을 선정하였습니다. 1위는 조금은 난해한 멀홀랜드 드라이브가 차지하였고, 2위는 왕가위 감독의 화양연화, 4위는 우리에게 친숙한 센과 치히로의 행방불명이 차지하였습니다. 그 밖에 처음 듣는 영화가 많았지만, 개인적으로 양조위, 장만옥 주연의 '화양연화'와 서기 주연의 '자객섭은낭' 그리고 코엔 감독의 '노인을 위한 나라는 없다' 등이 좋았습니다.

조금 특이하다고 생각한 것은 배트맨 다크나이트가 33위에 올라온 것입니다. 매우 재미있게 보았고, 영화가 던지는 암울한 메시지에 울림이 있었던 영화라 반가운 마음이 들었습니다. 이 영화는 악당 중의 악당 조커의 영화라 해도 과언이 아닐 만큼 조커의 비중이 크게 차지하고 있습니다. 영화 스토리 대부분 조커는 "배트맨은 정의이고, 자신은 악이다"는 배트맨의 이분법적 사고를 깨기 위해 온갖 악행을 자행합니다. "배트맨도 처한 환경에 따라 얼마든지 악한 일을 할 수 있다. 그러므로 처음부터 선과 악이 둘로 나뉘어 있는 것이 아니다." 그러면서 조커는 배트맨에게 일갈합니다. "Why so serious?"

악당이 한 말 치고는 너무 멋진 대사입니다. 자기 생각의 표출 방법이 잘못되었고, 상식으로 납득할 수 없는 범죄를 저지르는 조커를 두둔할 생각은 전혀 없고, 다만, 영화에서 조커에게 너무 좋은 대사가 주어진 것 같다는 생각이 들었습니다.

생각이 많아지고, 삶의 무게감이 느껴질 때 한 번씩 자신에게 질문을 던져보면 좋겠다는 생각이 들었습니다. 우리의 삶을 조금 가볍게 바라보면, 지금 하고 있는 고민들이 정말 아무것도 아닌 경우가 많이 있습니다. 그리고 시간이 지나면서 고민의 무게도 가벼워지는 경우가 많기 때문에 지금 당장 자신의 노력으로 해결할 수 없는 고민에 매몰되어 삶을 피폐하게 만드는 것보다는 상황을 조금 가볍게 바라보는 지혜가 필요하지 않을까?란 생각이 들었습니다.

고민이 깊어지고, 생각이 많아진다 싶으면 그냥 자신에게 그리고 자신이 처한 환경에게 가벼운 조커를 던져보세요.

"Why so serious?"

바로 우리 人生의 품격이 높아지는 순간입니다.

제 **4** 장

우리 삶에서
가장 중요한 시간은
지금 이 순간입니다

01

아름답다면 그것이 정답이다

2002년 히딩크 감독의 국가대표팀이 월드컵 4강 신화를 이룩할 당시의 환희와 흥분이 지금도 뚜렷합니다. 어느 신문사 인터뷰에서 히딩크 감독이 선수들에게 했던 말입니다.

"강하라 그리고 겸손하라"

그 당시 저는 이 말이 맘에 들어 노트에 옮겨 적었습니다. 그때부터 길을 가다, 영화를 보다, 책을 읽다, 신문을 보다가 맘에 쏙 드는 문구가 있으면 옮겨 적기 시작하였습니다. 옮겨 적은 내용들을 다시 노트에 옮겨 적기를 하였고, 그러면서 저의 생각들도 계속 바뀌고 있다는 것을 알 수 있었습니다. 과거의 생각들이 고스란히 노트에 적혀 있기 때문에 새로운 생각들과 더해지면서 생각의 변화를 느낄 수 있는 좋은 습관이라고 생각을 하였습니다. 아마도 당분간은 노트 쓰기를 계속할 것이라고 생각하고 있습니다. 왜냐하면, 새로운 좋은 글들을 발견하고 노트에 한 글자 한 글자 옮겨 적을 때 느끼는 즐거움이 매우 크기 때문입니다.

"아름답다면 그것이 정답이다"

2018년 가을 즈음 노트에 적은 글입니다. 야마구치 슈란 일본 작가가 쓴 '세계의 리더들은 왜 직감을 단련하는가?'에 나오는 문구입니다. 세계적 리더들의 공통점은 직감이 뛰어나고, 직감은 바로 美 의식에서 비롯된다는 내용입니다. 여행을 가고, 음악을 듣고, 미술 작품을 감상하고, 책을 읽고, 나와 생각이 다른 사람을 만나 이야기를 나누고, 이 모든 것들을 통해 우리들의 美 의식이 조금씩 커져갑니다. 美 의식은 세상의 아름다움을 바라볼 수 있는 눈입니다. 다른 말로는 좋은 세계관을 가지는 것입니다. 또 다른 말로는 우리의 상식이 풍부해지는 것입니다. 美 의식이 높은 사람은 상대방의 생각과 견해를 존중하고, 공감 능력이 높으며, 어려운 상황을 잘 이겨내고 올바른 생각과 결정을 할 수 있는 좋은 직감을 가진 사람입니다. 우리의 일상은 美 의식을 높여가는 과정이어야 합니다. 평소 좋은 습관을 가지려고 노력하는 것이 바로 우리의 美 의식을 높여가는 과정입니다.

살아가다 보면 어려운 결정을 해야 할 경우가 많이 있습니다. 항상 결정의 기준은 아름다움입니다. 나의 삶을 더욱 아름답게 만드는 결정을 해나가세요.

"아름답다면 그것이 정답입니다."

02

Be Present

"한 소년이 고향을 떠나 넓은 세상에서 꿈을 펼쳐보기로 결심했다. 집을 나온 그는 마을에서 가장 존경받는 노인을 찾아가 인사를 하고 명심할 만한 말을 해달라고 청했다. 붓글씨를 쓰고 있던 노인은 별말 없이 세 글자를 써 주었다. 불요파(두려워하지 마라), 노인은 소년에게 말했다. '애야, 인생의 비결은 딱 여섯 글자란다. 오늘 세 글자를 가르쳐주었으니 네 인생의 절반을 이 글자대로 살면 크게 잘못될 일은 없을 것이다.' 30여 년의 세월이 흘러 소년은 중년이 되었다. 어느 정도 성공했지만 마음을 다친 일도 많았다. 그는 다시 고향으로 돌아와 노인을 찾아갔다. 노인의 아들은 아버지가 몇 해 전 돌아가셨다며 편지 한 통을 내주었다. 편지를 뜯어보니 세 글자가 쓰여 있었다. 불요회'(후회하지 마라)"

불요파 불요회는 중국 고사인데, 몇 년 전 회사 연구소장님 강연 중에 들은 이야기입니다. '지나간 과거는 후회하지 말고, 다가오지 않은 미래는 걱정하지 말라'라는 뜻입니다. 예나 지금이나 모든 사람들은 과거를 후회하고 앞날을 걱정하며 사는 것 같습니다. 하지만, 중국 고사에 노인의 말처럼 과거나 미래보다는 지금 현재에 충실한 삶을 살아가면 보다 좋은 일들이 훨씬 많이 생길 것입니다.

미드 '프렌즈'로 세계적인 스타가 된 제니퍼 애니스톤과 영화 '늑대와 춤을'에서 인상 깊었던 케빈 코스트너가 주연한 '그녀가 모르는 그녀에 관한 소문'이라는 영화가 있습니다. 시골 처녀인 제니퍼 애니스톤이 좌충우돌하는 우여곡절 끝에 엄청난 거부인 케빈 코스트너를 만나게 되고, 그의 전용기를 타고 날아가 멋진 식사를 함께 합니다. 황홀한 식사를 하면서 제니퍼 애니스톤이 질문합니다.
"당신은 어떻게 이런 부자가 되었나요?"
케빈 코스트너는 활짝 웃으며 한마디 던집니다.
"Be Present"
영화에서는 "현재를 살아라"로 번역되더군요.

03

그건, 그때 가서 생각해

    제가 학창시절 너무 좋아했던 영화인 '영웅본색', '첩혈쌍웅', '천녀유혼'을 제작한 서극 감독의 2002년 영화 '촉산전'을 최근 우연히 보았습니다. 장백지, 장쯔이 등 유명 배우들이 많이 나오기도 했지만, 많은 상상력을 자극하는 무협 영화라 무척 재미있게 보았습니다.

    곤륜파 장문 고월(장백지)은 천년 만에 부활한 마황 유천과 싸우러 가며 곤륜파 최대 병기인 월금륜을 제자 현천종(정이건)에게 건네주며 말합니다.

    "나는 죽을 것이며, 200년 뒤에 부활할 것이다. 그때 나를 찾아라."

    스승을 짝사랑하는 제자 현천종이 가슴 아파하며 질문합니다.

    "200년 뒤에 어떻게 스승님을 제가 알아볼 수 있나요?"

    고월은 다음과 같은 말을 남기고 마황 유천과 싸우러 떠납니다.

    "그건, 그때 가서 생각해"

04

지금 이 순간 생애 단 한 번의 시간입니다

'무소유'로 우리에게 많은 가르침을 주셨던 법정 스님의 저서 中 '일기일회'란 책이 있습니다. 서울 성북동 길상사 정기법회 법문을 모아 만든 책입니다. 一期一會는 "오늘 우리의 삶도 단 한 번이고, 지금 이 순간도 생애 단 한 번의 시간이며, 지금 이 만남 또한 생애 단 한 번의 인연이다."란 의미입니다. 법정 스님께서 책 제목을 일기일회로 정하신 것은 "지금 이 순간 우리에게 주어진 시간을 소중히 그리고 감사히 여기고 최선을 다해 살아라."라는 가르침을 주시고자 하는 것 같습니다.

최근 연세대 신학과 김상근 교수님의 인문학 강의를 우연히 듣게 되었습니다. 플라톤 아카데미에서 제공하는 총 10강의 강의를 모두 듣고 배울 점이 참으로 많았습니다. 그중에서 호메로스의 일리아드와 오디세우스에 대한 이야기는 많은 것을 느끼게 해주었습니다.

김상근 교수님은 "기원전 8세기 트로이전쟁을 배경으로 한 일리아드, 오디세우스에서 호메로스가 전하고 싶었던 것은 무엇일까?"라는 질문을 하고, 교수님의 생각을 전달합니다. 결론적으로 일리아드는 죽음에 대한 경외, 즉 우리는 모두 언젠가는 죽는다는 명제 앞에 어떻게 살 것인가? 에 대한 고민이 담겨 있고, 오디세우스는 삶에 대한 경외, 즉 아무리 힘든 삶일지라도 받아들이고 긍정적으로 삶을 헤쳐나가야 한다는 것을 강조하고 있습니다.

트로이 왕자 파리스는 세상에서 가장 아름다운 스파르타의 왕비 헬레네를 유혹하여 트로이로 데려갑니다. 이에 화가 난 스파르타의 왕 메넬라오스는 그의 형 아가멤논을 총사령관으로 하는 그리스 연합군을 구성합니다. 여기에는 영웅 아킬레우스, 오디세우스도 합류하게 됩니다. 하지만, 트로이 프리아모스 왕의 맏아들 헥토르가 이끄는 트로이를 쉽게 공략하지 못합니다. 지략과 용기와 인품을 갖춘 헥토르는 동생 파리스를 질책하지만, 전투에서는 누구보다 용감하게 싸우며 트로이를 방어합니다. 하지만, 테티스의 아들이며 불사의 몸에 가까운 아킬레우스와의 결투에서 최후의 일격으로 창을 힘차게 던지지만 빗나가고, 헥토르는 죽음을 직감하고 외칩니다. "모든 인간은 필멸한다. 하지만 나의 명예로운 이름은 오래 남을 것이다."

호메로스는 헥토르의 죽음을 통해 '죽음의 운명 앞에서 어떻게 명예를 얻을 것인가?'를 질문하고 있습니다. 헥토르를 죽인 아킬레우스도 트로이전쟁의 원인을 제공했던 헥토르의 동생 파리스가 쏜 화살을 맞고 죽음을 맞이합니다. 하지만 10년간의 트로이전쟁은 오디세우스의 지략으로 트로이 목마를 만들어서 결국 그리스 연합군이 승리하게 됩니다. 일리아드는 아킬레우스와 헥토르 두 명의 영웅이 치열하게 전투를 벌이는 7일간의 내용이 핵심입니다. 그리고 두 영웅 모두 결국 죽음을 맞이한다는 것이 책의 주제입니다.

전쟁에서 승리한 그리스 연합군들은 모두 고향 그리스로 돌아가게 되고, 이 중 오디세우스가 전쟁을 끝내고 고향 이타카로 돌아가는 10년간의 여정을 그린 서사시가 오디세우스입니다. 오디세우스는 고향으로 돌아가는 길에 지하 세계의 왕이 된 아킬레우스를 만납니다. 그리고 말합니다. "그대는 죽어서도 지하의 왕이 되었군요?" 하지만 아킬레우스는 다음과 같이 말합니다. "지하의 왕이 되느니 차라리 지상의 머슴으로 살고 싶소." 이 대목은 아무리 힘들고 하찮은 삶이라도 소중한 삶이라는, 삶의 긍정을 호메로스가 노래한 것이라고 강조합니다.

이후 오디세우스는 부하들을 돼지로 만들어 버리는 여신 키르케를 만나고, 사람을 잡아먹는 외눈박이 거인을 만나고, 노래로 선원들을 유혹하여 죽이는 싸이렌을 만나고, 영원히 늙지 않는 요정 칼

립소도 만나지만 결국 살아서 고향 이타카로 돌아가게 됩니다. 오디세우스를 통해 호메로스는 "고통을 겪으며 돌파하라", 무한한 삶의 긍정을 전하고 있습니다.

김상근 교수님은 이러한 호메로스의 사상이 19C 철학자 니체의 인생관 'Amor Fati'와 일맥상통한다고 말합니다. 무한한 삶의 긍정에 대한 찬사는 기원전 8세기부터 현재에 이르기까지 반복해서 강조되고 있는 것입니다.

방황하는 삶의 순간이 찾아오면 호메로스의 두 가지 질문을 자신에게 던져보시기 바랍니다. "무엇을 할 것인가?"에 대한 보다 분명한 대답을 얻을 수 있을 것입니다.

"How to live creatively & How to die gracefully?"

05

Here and Now for me

　회사 임원들만을 대상으로 매년 열리는 人文학 Day에는 국내 저명한 인문학 교수님들이 강연을 하고, 그 내용을 녹화하여 일반 직원들도 들을 수 있는 기회가 있습니다. 최진석 교수님, 김상근 교수님도 회사 인문학 강의를 통해 알게 되어 여러 다른 강의까지 찾아 듣게 되었습니다. 다음은 서울대 독어독문과 오순희 교수님의 '괴테와 파우스트' 인문학 강연 내용 중 일부입니다.

　"천재이지만 교만한 파우스트는 평생 학문에 매달렸지만, 그렇게 열망하던 진리를 얻지 못해 자괴감에 빠진다. 하지만, 파우스트는 하찮은 인간(평범한 사람들)과는 어울리고 싶지 않다. 오직 깨달음, 진리만을 알고 싶을 뿐이다. 결국, 악마 메피스트의 힘을 빌려 젊음으로 다시 돌아가 사랑을 하고, 실수를 저지르고, 실패를 하고, 시간과 공간을 초월해가며 평범한 인간의 삶을 살다가 간척사업 도중 사고로 죽게 된다."

　파우스트는 15세기 독일 대학의 교수이면서도 연금술을 할 수 있다고 주장하고, 고대 그리스 헬레네를 만났다고 하고, 대서양을 건너 새로운 대륙에 가봤다고 하는 등 매우 황당한 주장을 펼치는 희대의 사기꾼 '요한 게오르크 파우스트'란 실존 인물이었다고 합니다. 한 시대를 풍미한 다양한 그의 스토리를 인쇄업자인 슈피스가 출판하여 엄청난 베스트셀러가 됩니다. 이후에도 다양한 버전의 책과 소설, 연극, 인형극까지 만들어지고, 괴테도 어린 시절부터 파우스트 인형극을 보고 자랐다고 합니다.

그러면 大문호 괴테(1749~1832)가 파우스트란 인물을 빌려, 60년간 인생 역작에서 하고 싶었던 이야기는 무엇일까요? 이 책은 보는 사람마다 해석이 다를 수 있다고 합니다. 오순희 교수님은 파우스트 속에 숨겨진 의미들을 다음과 같이 강조합니다.

"자유도, 생명도 날마다 싸워서 쟁취하는 자만이 누릴 자격이 있다. 노력하는 자는 방황하는 법이다. 삶이란 내가 좋아하는 것을 하고, 내가 모르는 것을 알아가는 것이다. 파우스트적인 삶을 긍정적 관점에서 바라보면 자기가 현재 위치하고 있는 공간과 시간에 대한 의미를 부여하는 것이고, 결국 살아가는 모든 시간, 모든 공간에서 발전하기 위해 노력하는 모습이 참다운 모습이다. 이것을 요약하면 Here and Now이다."

결국 괴테가 우리에게 전하고 싶었던 깊은 삶의 지혜는 'Here and Now'라고 교수님은 강조합니다.

지금 이 순간, 자신이 처한 상황을 긍정적으로 받아들이고, 최선을 다해 살아가는 것이 가장 인간적인 삶이며, 그것은 신의 입장에서도 선에 해당되는 것이라고 괴테가 강조한 것이라고 합니다. 그렇기 때문에 죽은 파우스트를 악마 메피스트가 지옥으로 데려가려는 순간 천사들이 나타나 파우스트 영혼을 구하여 천상으로 올라간 것입니다. 괴테는 종교적 구원과 매 순간 열심히 살아가는 삶을 동일한 것이라고 생각한 것입니다.

  이러한 괴테의 생각은 앞서 소개한 호메로스의 삶의 긍정, 중국 고사 불요파불요회, 케빈 코스트너의 Be Present, 니체의 아모르 파티, 법정 스님의 일기일회와 같은 것입니다. 동서고금 수많은 석학들과 현자들이 삶에 대한 올바른 태도에 대해서 한목소리로 말하고 있습니다.

"Here and Now for me"

제 5 장

세상의 변화를 야기시키는 一流
'영웅과 천재들의 이야기'

01

대항해 시대를 연 항해 왕 엔리케

13~14세기, 칭기스칸의 몽골 제국에 의해 동양의 찬란한 문화와 아랍의 문화가 서로 연결되면서 새로운 변화와 혁신이 만들어지고, 지중해를 중심으로 놀라운 자연과학의 발전이 시작됩니다.

이탈리아에서 시작된 변화의 바람은 삽시간에 서유럽 전체로 퍼져 나가게 됩니다. 이때 포르투갈에서는 대항해 시대의 서막을 여는 위대한 항해 왕 엔리케(1394~1460) 왕자가 역사에 등장합니다.

15세기 서유럽 최약소국이었던 포르투갈은 왕이 아들 없이 사망하자, 아비스 기사단장으로 있던 주앙 1세가 왕으로 추대되어 아비스 왕조 시대를 열게 됩니다. 1394년 태어난 주앙 1세의 셋째 아들 엔리케는 어린 시절부터 해양 강국을 꿈꾸게 됩니다. 당시 지중해는 오스만 투르크 제국의 지배를 받았기 때문에 중계 무역을 통해서만 인도와 교역이 가능하였으며, 지금의 아프리카를 우회하는 항로는 꿈도 꾸지 못했습니다.

당시 유럽인들은 아프리카 서부 '보자도르 곶'을 지구의 끝이라고 생각하였으며, 영화 '드래곤 길들이기'처럼 용들이 살고, 불이 끓고, 바다의 낭떠러지가 있는 곳이라고 상상하며 두려워하였습니다. 실제 이곳을 지나던 모든 배들이 해류에 말려 침몰하였기 때문에 더욱 믿음은 커져갔습니다. 이러한 생각을 깬 최초의 인물이 바로 엔리케입니다. 그는 포르투갈 땅끝 최남단에 위치하고 있는 사그레스 지역에 항해를 위한 종합연구소 '사그레스'를 설립하고, 아랍과 유대인 과학자들을 초빙합니다. 사그레스에서는 수학, 천문학, 항해술, 선박, 지도, 대포, 의학 등 종합적인 연구들이 진행되었으며, 결국 대항해의 서막을 여는 위대한 캐러벨을 탄생시킵니다. 기존의 배들보다 더욱 튼튼하고 빠른 속도로 장거리 항해에 적합하고 더욱이 대포를 장착하여 전투력까지 갖춘 캐러벨은 대항해 시대를 여는 일등 공신이 됩니다.

또한 항해술을 개발하여 해류를 피해 항해할 수 있는 새로운 항로를 개척하여, 인류 최초로 '보자도르 곶'을 지나, 남아프리카의 희망봉을 지나 인도로 가는 새로운 동방항로를 만들게 됩니다. 포르투갈은 새로운 동방항로를 이용한 무역을 통해 막대한 이익을 남기며, 서유럽 최강국으로 부상하게 됩니다. 포르투갈의 동방항로는 국가기밀로 지정되어 오랜 세월 비밀이 지켜지지만, 이후 동방항로를 통한 무역 패권은 스페인, 네덜란드, 영국으로 순차적으로 넘어가게 됩니다.

안타까운 역사적 사실은 이 당시 중국 무역에 종사하던 포르투갈 상인들이 표류하여 1543년 9월 일본의 다네가시마에 도착하게 됩니다. 포르투갈 상인들이 가지고 있던 조총의 위력에 감탄한 일본 영주는 막대한 자금을 지불하고 조총을 얻고, 조총 설계도를 만들어 수만 정의 조총을 만들어내게 됩니다. 이러한 조총을 실제 전투에 사용한 이가 도요토미 히데요시, 도쿠가와 이에아스와 더불어 중세 일본 삼영걸로 불리는 '오다 노부나가'입니다. 전국 통일을 눈앞에 두고 부하의 배신으로 죽게 되는 오다 노부나가의 뒤를 이어 실권을 장악하고 일본을 통일한 도요토미 히데요시는 25만 명 육군과 5만 명이 넘는 조총 부대를 이끌고 1592년 임진왜란을 일으키게 됩니다. 4월 13일 부산에 상륙한 왜군은 4월 30일 서울, 6월 평양, 7월 두만강까지 진격합니다.

말도 안 되게 압도적인 왜군의 전력에도 불구하고 끝내 나라를 지킨 것은 기적과 같은 일이었습니다. 이러한 기적을 만든 것은 바로 이순신 장군과 들불처럼 일어난 전국의 의병들 덕분입니다. 처음 왜군들은 전라도를 공략하여 곡창 지대를 확보하려 하였으나, 이순신 장군이 해로를 차단하여 서해로 갈 수 없도록 막았고, 낙동강 지역에는 곽재우로 대표되는 의병들이 의령, 함안에서 왜군을 1년 가까이 저지하게 됩니다. 당황한 왜군들은 충청도에 주둔하던 군대를 다시 전라도 지역으로 내려보내지만, 금산 일대에서 고

경명, 조헌 등의 의병들이 저지하게 됩니다. 이순신 장군이 서해를 막지 못하였다면, 서해와 내륙을 연결하는 수많은 강을 통해 수륙병진이 가능해져 조선이 6개월을 못 버티고 멸망했을 거라는 것이 오늘날 전문가들의 의견입니다.

임진왜란 당시 이순신 장군은 거북선을 만들고, 빠른 해류를 이용한 전술을 짜고, 군사들을 체계적으로 훈련시켜, 전력의 열세에도 불구하고 23전 23승이라는 세계 해전 역사상 찾아볼 수 없는 위대한 승리를 거둬, 백척간두에 서 있었던 조선을 구해 냅니다. 이 중 명량 해전에서는 단 12척의 배로 왜군 133척과 싸워 승리로 이끄는 압도적 리더십을 보여줍니다. 이순신 장군은 진정한 영웅이자 우리 역사의 위대한 오리지널스라고 부를 수 있을 것입니다.

우리의 안타까움과는 별개로, 칭기스칸 → 엔리케 → 이순신, 이렇게 역사는 서로가 서로에게 영향을 주고받으면서 새로운 문화와 문명을 만들어가고 있는 것을 알 수 있습니다.

02

코페르니쿠스 '천구의 회전에 관하여'

 1162년 몽골 초원에 태어난 테무친은 어린 시절 아버지 예수게이가 메르키트족에게 독살을 당한 후 갖은 시련과 죽을 고비를 넘깁니다. 이 시절 테무친은 몇 살 위의 자무카를 만나서 많이 의지하게 되고 의형제까지 맺게 됩니다. 두 명의 위대한 몽골 전사는 성인이 되어 몽골 초원의 패권을 다투는 적으로 다시 만납니다. 결국 테무친이 자무카를 이기고 몽골의 대칸, 칭기스칸(1162~1227)이 됩니다.

 이후 몽골 서쪽의 나이만, 남쪽의 탕구트를 정복하고, 1215년 중앙아시아, 아프가니스탄, 페르시아 일대의 대제국이었던 호라즘까지 정복합니다. 당시 몽골군은 15만 명의 원정군이었고, 호라즘은 40만 명이 넘는 방어군이었지만, 몽골군에게 일방적으로 대패하게 됩니다. 몇 배나 강력했던 자무카를 이기고, 당시 세계 최강 中 하나였던 호라즘을 이겼던 칭기스칸의 능력과 전술은 무엇이었을까요? 20C 초에 세상에 널리 알려진 '몽골비사'란 책에는 칭기스칸의 일생이 매우 상세하게 잘 서술되어 있습니다. 단순히 잔인하고 무식하다는 서구 관점의 역사 인식과 달리, 당시 몽골 군대는 매우 조직적이고 전술적이며, 특히 칭기스칸은 누구도 따를 수 없을 정도로 치밀하고 영리하게 전투를 지휘하였으며, 단 한 명 부하의 목숨도 소중히 여겨 충분히 이길 수 있는 전투도 아군의 희생이 크다고 판단되면 끊임없이 기다리며 몽골군에게 유리한 상황이 되었을 때 공격하였다고 합니다.

칭기스칸은 당시 몽골 초원의 관습인 혈연주의, 귀족주의를 과감히 버리고 오직 실력과 의리를 중시하였으며, 새로운 종교, 문화, 정치사상을 포용하는 정책을 펼쳤습니다. 이러한 이유 때문에 칭기스칸 밑에는 많은 심복들이 있었으며, 특히 4구 4준으로 불리는 8명의 절대 심복들이 칭기스칸 곁에서 작전을 짜고, 목숨을 다해 전쟁터에서 군사들을 용맹하게 지휘하였기 때문에 칭기스칸은 세계 역사상 가장 위대한 정복자가 될 수 있었던 것입니다.

그리고 칭기스칸에게는 네 명의 아들들이 있었습니다. 칭기스칸 사후에 이들이 흩어져 전 세계에 네 개의 한국을 건설합니다. 큰아들 주치의 아들이며, 칭기스칸 손자들 중에서 가장 뛰어난 인물로 평가받는 바투가 러시아 일대에 킵차크 한국을 건설하고, 둘째 아들 차카타이가 중앙아시아 일대 차카타이 한국을 건설합니다.

차카타이 한국의 수도였던 사마르칸트에서는 또 한 명의 몽골

후손인 티무르가 등장하여 티무르 제국을 건설하여, 오스만 투르크와 동로마 제국을 힘으로 제압하고, 이후 티무르의 후손 바브로가 16세기 초 인도 북부 지역에 무굴 제국을 건설하여 19세기 중엽까지 인도를 지배하게 됩니다.

칭기스칸의 셋째 아들 오고타이는 몽골과 중앙아시아 지역에 오고타이 한국을 건설하고, 오고타이는 형제들 간의 치열한 암투 끝에 아버지의 뒤를 이어서 2대 황제에 오르게 되고, 그의 아들 구유크는 3대 황제에 오르게 됩니다. 하지만 구유크는 얼마 후 죽게 되고, 몽골 제국은 결국 막내 툴루이의 부인 '소르칵타니'의 뛰어난 지략에 의해 그녀의 아들들이 대부분 차지하게 됩니다.

여장부 소르칵타니는 차가타이와 오고타이가 큰아들 주치를 칭기스칸의 적통이 아니라며 무시하고 배척할 때, 주치와 그의 아들 바투와 전략적 동맹 관계를 맺고, 칭기스칸 군대의 가장 위대한 장군이었던 수베데이 같은 심복들과도 긴밀한 관계를 유지하여 결국 그녀의 아들들이 몽골 제국 대부분의 권력을 차지할 수 있도록 만듭니다. 소르칵타니와 툴루이의 첫째 아들 뭉케는 몽골제국 4대 황제에 오르게 되고, 둘째 아들 훌라구는 당시 가장 문명화된 지역인 페르시아에 일한국을 건설합니다. 또 다른 아들 쿠빌라이는 송나라를 멸망시키고 원나라를 건국하여 초대 황제 쿠빌라이 칸이 됩니다.

미국의 인류학 교수인 잭 웨드포드는 오랜 세월 칭기스칸에 대한 연구를 수행하였으며, 그의 저서에서 다음과 같이 말하고 있습니다.
"칭기스칸은 한 자리에 눌러앉아 백성을 다스리는데 관심이 없었다. 물자와 사람이 돌아다닐 수 있는 길을 뚫고 이은 다음, 그 흐름의 방향만 통제하면 그만이었다. 이렇게 뚫린 길을 통해 당대 최고의 인류 문명이 변방 유럽에까지 흘러 들어가게 되었다. 몽골인이 몰고 온 머나먼 아시아 북부 초원의 차갑고 장쾌한 바람은 유럽을 오랜 잠에서 흔들어 깨운 것이다."
　칭기스칸과 그의 후손들이 세운 몽골 제국은 인류 역사상 가장 큰 제국입니다. 몽골인은 유목민이라 자체 문화가 번성하지 않았지만, 다른 문화와 종교에 포용적 정책을 펼쳤습니다. 몽골 제국으로 통일되면서 가장 찬란했던 동아시아 문화와 아랍 세계를 대표하는 페르시아의 문화가 적극 교류할 수 있는 계기가 형성된 것입니다.

　기원전 8세기 이탈리아 테베레강 라티움 지역에 로물루스가 건국한 로마는 찬란한 세계 제국으로 번영하였지만, 5세기 동방에서 홀연히 나타난 훈족의 위대한 왕 '아틸라'가 이끄는 막강한 기마 군대에 밀려 제국의 운명을 다하게 됩니다. 훈족을 피해 도나우강을 건너 로마 제국의 영토로 이동했던 고트족의 빈란으로 476년 서로마가 멸망하게 되고, 이후 15C까지 천 년의 시간 동안 서유럽 전체는 암흑기를 보내게 됩니다. 하지만, 서유럽의 암흑기는 훈족의 후예 몽골 제국에 의해 새롭게 형성된 문화와 문명에 의해 서서히 끝이 나게 됩니다. 결국 15C 이탈리아 메디치 가문을 중심으로 르네상스 시대가 열리게 되는 것입니다.

많은 사람들은 르네상스 시대를 견인한 가장 중요한 사람 中 한 명으로 코페르니쿠스를 꼽고 있습니다. 코페르니쿠스는 고대와 중세 서구의 중심 세계관이었던 천동설에 대항하여 너무나 혁명적인 지동설을 주장하게 됩니다.

니콜라우스 코페르니쿠스(1473~1543)는 폴란드 중북부에 있는 토룬 지방에서 비교적 부유한 상인의 가정에서 태어났지만, 10세 때 아버지를 여의고 이후 생계에 어려움을 겪으며 생활하게 됩니다. 외삼촌의 도움으로 폴란드 크라쿠프 대학에 입학하여 수학과 천문학을 공부하지만 이후 의학과 신학까지 공부하게 됩니다. 20대의 젊은 시절부터 코페르니쿠스는 "행성의 역행 운동이 왜 발생하는가?"를 깊게 고민하였으며, 천문학자의 길을 가기 위해 의사와 교사 생활을 병행하며 돈을 벌게 됩니다.

이후 코페르니쿠스는 우주의 중심은 지구가 아니라 태양이며, 지구는 자전과 공전을 하고 있다는 혁명적 사고를 하게 되고,

1510년 40쪽짜리 우주 모델의 기본 틀을 설명하는 '소론' 즉, 짧은 해설서를 필사본으로 발표를 합니다. 비록 짧은 해설서는 정식 출판이 아니었지만, 입소문을 통해 코페르니쿠스의 지동설이 세상에 퍼져 나가게 되고, 그가 우려한 대로 사회적 지탄과 수 많은 지성들로부터 따가운 비판을 받게 됩니다.

이러한 사회적 비판을 두려워한 코페르니쿠스는 짧은 해설서를 발표하고 수십 년의 세월이 흐른 1543년 그의 나이 70세가 되었을 때, 자신의 죽음을 직감하고, 평생 동안 천체를 관측하고 궤도를 계산하여 얻은 지동설의 실체를 담은 책 '천구의 회전에 관하여'를 정식으로 출판하게 됩니다. 하지만, 코페르니쿠스는 자신의 책이 발간되는 것을 보지 못하고, 그해에 세상을 떠나게 됩니다. 인류의 삶을 바꾸는 코페르니쿠스의 '천구의 회전에 관하여' 서문에는 그가 느꼈을 사회적 비판과 편견의 두려움, 그 두려움을 극복하고자 하는 용기, 그리고 천체의 운동에 대한 놀랄만한 통찰력이 함께 담겨 있습니다.

"사람들은 지구가 천체의 중심이라고 알고 있습니다. 지구가 천체의 중심이라는 주장이 수 세기 동안 증명된 진리인 것인 양 사람들은 알고 있습니다. 그런데 정반대로 지구가 움직인다고 주장한다면 이 주장이 얼마나 터무니없는 견해로 간주될 지 잘 알기에 저는 지구의 운동을 증명하기 위해 작성한 글들을 공개할 것인지, 아니면 철학의 비밀들을 글로 남기지 않고 구전으로 전하는 피타고라스의 전례를 따를 것인지, 어느 쪽이 나을 것인지 결정하지 못하고 고민해 왔습니다.

피타고라스가 자신의 발견들을 비밀로 묻어두었던 이유는 지적 독점욕 때문이 아니었습니다. 위대한 인간들의 간절한 사랑으로 탐구된 저 아름다운 진리가 돈 계산만 아는 사람들로부터 경멸당하지 않도록 하기 위함이었습니다. 그리하여 저 또한 이 모든 것을 감안하였을 때 저의 견해가 갖는 새로움 때문에 제가 겪게 될 경멸이 저를 다시 포기하도록 강제하곤 했습니다.

그러나 친구들이, 오랫동안 지속된 저의 망설임을 누르고 제 마음을 바꾸어 놓았습니다. 36년간 감춰온 이 저술을 교황님과 여러 학식 있는 수학자들의 판단에 남겨두고자 합니다."

- ■ 우주의 중심은 태양이다.
- ■ 지구와 태양의 거리는 지구와 별의 거리에 비해 아주 가깝다.
- ■ 별들이 뜨고 지는 것은 지구가 자전하고 있기 때문이다.
- ■ 지구의 자전축은 기울어져 세차운동을 한다.
- ■ 지구는 태양을 공전한다.
- ■ 행성들의 역행 운동은 공전하는 지구에서 관측하기 때문이다.

03
프랜시스 베이컨 '新기관'

16세기 이탈리아는 베네치아공화국, 밀라노공화국, 피렌체공화국, 로마교황국가, 나폴리왕국으로 나누어져 있었으며, 도시 국가 형태로 존재하고 있었습니다. 이 중 피렌체공화국은 15세기부터 세계 최초의 은행을 창업하여 막대한 부를 축적한 메디치 가문이 권력을 잡고 있었습니다.

마키아벨리(1469~1527)는 메디치 가문이 재집권하기 이전의 정권에서 14년 동안 고위 외교관을 지내며, 프랑스, 독일, 이탈리아 여러 도시 국가들을 돌아다니며 피렌체 외교 사절로서 열정을 다해 일을 하였습니다. 하지만, 메디치 가문이 다시 권력을 잡은 1512년 추방을 당하게 되고, 추방당한 마키아벨리가 메디치 가문에게 잘 보여, 다시 고위 관직에 오르기 위해 쓴 책이 바로 그 유명한 '군주론'입니다. 하지만 메디치 가문은 마키아벨리가 헌정한 군주론을 쳐다보지도 않습니다. 이후 마키아벨리는 투옥과 석방 그리고 말년에는 생활고까지 겹치면서 쓸쓸한 죽음을 맞이합니다.

목적이 수단을 정당화한다는 마키아벨리즘을 탄생시킨 군주론은 그의 살아생전에는 빛을 보지 못하였지만, 이후 수많은 권력자들의 통치와 지배를 위한 효과적인 교과서로 악용되기도 하였으며, 오늘날에는 하버드 대학을 비롯한 전 세계 수 많은 대학에서 학생들을 위한 필독서로 추천될 만큼, 잔인하고 냉철하지만 인간에 대한 심오한 통찰력을 보여주고 있습니다.

그리고 마키아벨리가 군주론 이후 작성한 '로마사 논고'에서는 아리스토텔레스의 정치제도 분류 방식을 기본으로 하여, 여러 정치제도에 대한 깊이 있는 분석을 통해 가장 현실적인 정치 형태로 공화정의 형태를 전폭적으로 지지하고 있습니다. 마키아벨리의 로마사 논고는 미국독립혁명(1775~1783)과 프랑스대혁명(1789)에 사상적 영향을 미치게 되고, 근대 공화국 형성에 영향을 끼친 가장 중요한 저서로 인정을 받고 있습니다.

마키아벨리 자신은 자신이 남긴 유산이 후대에 어떤 영향을 미쳤는지 전혀 알 수 없겠지만, 그가 남긴 명저들이 좋은 쪽이든 나쁜 쪽이든 현대 인류의 생각과 행동에 지대한 영향을 미쳤다는 것은 분명한 사실일 것입니다.

"군주는 좋다고 생각되는 방식으로 처신할 수 없다는 점을 분명히 명심해야 한다. 목적을 위해서는 수단과 방법을 가리지 말아야 한다. 하지만, 일반적 상황이 아니라 특수한 환경에서만 그렇게 해야 하는 것이다. 조국의 안녕이 달려있는 상황에서는 어떤 행위가 옳은 것인지 아니면 그런 것인지, 관대한 것인지 아니면 잔인한 것인지, 칭찬할만한 것인지 아니면 수치스러운 것인지를 고려하지 않고 생명과 자유를 구원할 수 있는 조치만을 취해야 한다.

군주는 선하지 않은 법을 배워야 한다. 경험적으로 위대한 군주는 신의를 지키는 자들에게 승리를 가져왔다. 하여 필요에 따라 부도덕함이 필요할 수도 있다. 운명, 우연, 기회 중에서 기회만이 인간이 제어할 수 있는 것이다. 기회는 올 때 잡아야지 지나가면 잡을 수 없다. 기회를 잡기 위해서는 유연성이 있어야 한다. 신중한 것보다는 과감한 것이 더 좋은 것이다.

사태를 꿰뚫어 목적을 관철하라. 변화무쌍한 상황에 대처하는 능력과 운명에 대적할 용기를 가져라. 현명한 군주는 자신을 두려운 존재로 만들되, 비록 사랑받지는 못하더라도 미움을 받는 일은 피하도록 해야 한다. 필요할 때 필요한 것을 행하라. 군주는 부도덕하고 폭력적이라도 반드시 해야 할 일을 판단할 줄 알아야 한다."(마키아벨리 군주론 中에서)

한편 이탈리아 피렌체의 권력을 잡은 메디치 가문은 다빈치, 미켈란젤로, 라파엘로 같은 천재 예술가들을 후원하며, 고대 그리스

로마의 사상과 문화적 번영을 다시 일으키자는 르네상스 운동에 불을 붙이게 됩니다. 그리고, 영국에서는 또 한 명의 위대한 사상가 프랜시스 베이컨(1561~1626)이 역사에 등장합니다. "아는 것이 힘이다"라는 명언으로 우리에게 너무 친숙한 영국의 베이컨은 포르투갈의 엔리케, 폴란드의 코페르니쿠스와 함께 15~17세기 서구 근대화 혁명을 이끈 가장 중요한 인물이라고 말할 수 있을 것입니다.

2008년 우리나라에서도 출판된 미국 작가 버지니아 펠로스의 '셰익스피어는 없다'란 책에서 작가는 우리가 알고 있는 셰익스피어는 가공의 인물이고 실제 모든 작품들을 베이컨이 썼다고 주장하고 있습니다. 당시 최고 관직인 대법관의 직책을 가진 베이컨이 하층 문화인 희곡을 쓰고 발표하는 것이 절대 용인될 수 없었던 시절이었기 때문에 당시 희곡 작가 중 한 명의 이름을 빌려 자신의 작품을 발표했었다는 주장입니다. 이 책의 주장에 대한 진위 여부를 떠나 실제 프랜시스 베이컨이 인류에 남긴 족적만으로도 가히 르네상스 시대 천재들 中 가장 중요한 위치에 자리할 자격이 충분하다고 생각됩니다.

베이컨은 연역법을 주장했던 그리스의 위대한 철학자 아리스토텔레스 학문의 총체인 '기관'을 반박하면서 '신기관(노붐 오르가눔, Novum Organum)'을 1622년 발표합니다.

베이컨은 신기관에서 실험과 관찰의 중요성을 강조하는 귀납법을 주장합니다. 당시 열악했던 사람들의 삶을 개선시키려는 목적으로 지식의 중요성을 강조하고 지식을 얻기 위해서는 공부, 즉 실험과 관찰을 해야 한다는 것을 강조하고 있습니다. 베이컨이 주장한 귀납법에는 당시 사람들의 극에 달한 무지에 대한 계몽의 개념이 들어가 있는 것입니다. 그리고 베이컨은 참된 지식에 도달하는 길을 막고 있는 4가지 우상을 지목합니다. 종족의 우상, 동굴의 우상, 시장의 우상, 극장의 우상이 그것입니다.

아마도 베이컨은 당시 사람들의 기본적 사고방식이었던 플라톤적인 이데아를 비판하고 싶었을 것입니다. 경험적으로 알기 힘든 이데아의 실체를 비판하면서 인간이 경험할 수 있고 실체적으로 알 수 있는 것들에 관심을 가지고, 열악한 생활 환경을 개선시켜 나가야 한다는 것을 강조하고 싶었을 것입니다. 베이컨이 플라톤의 이데아를 비판하는 것은 아리스토텔레스의 생각과 함께하지만, 진리 또는 지식을 얻기 위한 방법론적인 것에서는 두 사람의 생각이 갈리게 됩니다.

명제를 먼저 세우고 논리를 전개하여 간접적 결론에 도달하는 삼단 논법 같은 아리스토텔레스의 연역법을 반박하며, 오직 실험과 관찰을 통해 얻어진 지식을 통해 결론에 도달해야 한다는 귀납법을 베이컨은 강조하고 있는 것입니다. 베이긴이 귀납법을 강조한 것은 보다 현실적 고민에서 시작되었다고 생각됩니다.

중세 서구 유럽인들의 무지와 빈곤을 기존의 사고 체계로는 개선시킬 수 없다고 생각하고 새로운 사고 체계, 귀납법을 도입하여 그들의 삶을 보다 향상시키고 싶었을 것입니다.

그리고, 베이컨은 좀 더 구체적 대안을 제시하기 위해서 당시로는 파격적인 SF 소설 같은 '뉴아틀란티스'를 1627년 출판합니다. 뉴아틀란티스는 모어의 유토피아(1516), 캄파넬라의 태양의 나라(1623)와 더불어 3대 유토피아 소설로 불립니다.

아틀란티스는 예로부터 전해지는 대서양 어딘가에 있는 상상의 신비스러운 거대한 섬의 이름인데, 베이컨은 아틀란티스 보다 더 깊숙한 태평양 어딘가에 존재하고 있는 신비와 상상의 섬 뉴아틀란티스를 만들고, 그 섬, 벤살렘 왕국에 영국 항해자들이 불시착하여 목격하게 되는 내용을 다루고 있습니다. 이 왕국에서는 한 사람의 현명한 왕이 자연과학과 인간의 무한한 가능성을 탐구하는 솔로몬 학술원을 세우고 솔로몬 학술원에서는 왕국의 수 많은 엘리트 과학자들이 모여서 함께 공부하고 연구하면서 다양한 발명품들을 만들어서 왕국의 모든 사람들의 삶을 풍요롭게 하고 있었습니다. 이들이 발명한 것들에는 잠수함, 비행기, 비료, 유전 공학 같은 것들이 있었고, 이러한 발명품들은 실제 오늘날 대부분 우리가 사용하고 있는 것들입니다.

　베이컨의 위대한 상상력과 통찰력으로 탄생한 뉴아틀란티스에서는 과학기술 발전을 위해서 개인 연구의 한계를 극복하는 국가연구기관설립의 중요성을 강조하였고, 결국 영국왕립학회설립에 실질적 기여를 하게 됩니다. 베이컨은 자연과학에 기반한 사람들의 생활 방식 개선과 그것을 실현하기 위해서는 국가가 지원하는 집단 연구가 필요하다는 것을 강변한 것입니다. 이러한 베이컨의 영향으로 당시 유럽에서도 가장 후진국이며 문명과 문화의 소외국이었던 영국이 왕립학회를 설립하고 이후 등장하는 뉴턴과 같은 천재 과학자들에 힘입어 세계 최초로 산업 혁명을 일으키고, 근대 세계 최강국에 오를 수 있게 된 것이라고 생각합니다.

　영국의 위대한 사상가 베이컨의 모든 사상을 단 한 줄로 표현한 유명한 문구입니다.

-

"지식, 그 자체가 힘이다"

〈프랜시스 베이컨〉

04

데카르트 '방법서설'

흔히들 새로운 과학 이론이 등장하면, 그동안 믿고 의지해왔던 기존의 이론들은 틀린 것이라고 단정하기 쉽지만, 대부분은 그렇지 않습니다. 인문학적으로 세상의 옳고 그름을 나누는 것이 어리석은 것처럼 자연과학에서도 마찬가지입니다. 새로운 과학 이론이 등장하면 기존의 이론을 파기하는 것이 아니라, 상호 보완적으로 세상을 이해하는 도구로써 사용하면 되는 것입니다.

대표적으로 아인슈타인의 상대성 이론이 등장하면서 세상이 열광하던 시절, 뉴욕 타임스지는 "뉴턴의 F=ma는 죽었다"라는 헤드라인으로 대서특필하였지만, 뉴턴의 고전 역학은 오늘날까지 여전히 잘 작동하고 있습니다. 다만, 고전 역학으로 설명하지 못하는 새로운 영역을 상대성 이론 또는 양자 역학으로 설명하고 있는 것일 뿐입니다. 그러므로 과학의 발전을 상보적 시각으로 바라볼 수 있는 올바른 세계관을 가지는 것은 무엇보다 중요한 일입니다.

뉴턴의 고전 역학 이전까지는, 그리스 수학자들과 철학자들이 만들어 놓은 원칙과 사상을 기반하여 자연과 인간에 대한 탐구가 주를 이루었으며, 그 중심에는 바로 아리스토텔레스가 있었습니다.

알렉산더 대왕의 스승이기도 하였던 아리스토텔레스는 일반적인 법칙으로부터 개별적인 사실을 추론하는 연역법에 기반한 논리학의 체계를 만들었습니다. 아리스토텔레스가 완전체로 인식했던 원의 운동을 기반하여 우주의 천체 운동을 설명한 천동설은 수천 년 동안 서양 사람들의 기본 정신 사상을 지배하였기 때문에 철학적으로나 과학적으로 아리스토텔레스는 서구 문명에 가장 중심적 인물이었다고 말할 수 있습니다. 사실 오늘날 논리학, 철학 같은 인문학 과목의 토대를 만든 인물이었으며, 심지어는 물리학의 어원까지 아리스토텔레스에게서 유래됩니다. 그래서 그를 모든 학문의 아버지라고 칭송하고 있습니다. 그렇기 때문에 중세 시대까지 서구인들의 거의 모든 생각의 밑바탕에는 아리스토텔레스가 있으며, 그의 스승 플라톤이 있으며, 그리고 플라톤의 스승 소크라테스가 있는 것입니다.

바티칸 교황 서재에 걸려 있는 라파엘로의 대작 '아테네 학당'에서 플라톤의 손가락은 하늘을 가리키며 이데아, 즉 이상주의를 표현하고 있으며, 아리스토텔레스의 손바닥은 낭을 가리키며 현실

중시 사상을 표현하고 있습니다. 라파엘로는 플라톤과 아리스토텔레스를 자신의 대표작 중 하나인 '아테네 학당'의 정가운데 두 사람을 위치시킴으로써 그들에 대한 존경심을 표현하였습니다.

그리고 그리스의 수학 분야에서는 또 한 명의 위대한 인물, 유클리드가 있었습니다. 플라톤 아카데미아 출신인 유클리드는 13권의 기하학 원론에서 총 465개의 명제를 정리하여 실었습니다. 유클리드 기하학은 오직 명제와 공리로만 기술되어 있기 때문에 혹자들은 이 세상에 존재하는 가장 완전무결한 논리를 가지고 있는 책이라고 말하기도 합니다. 왜냐하면 명제는 그 내용이 참인지 거짓인지를 명확하게 판별할 수 있는 문장을 말하는 것이고, 공리는 증명할 수는 없지만 무조건 옳다는 기본 가정을 전제로 하고 있기 때문입니다. 즉, 명제와 공리만을 이용한 유클리드의 기하학은 틀린 부분이 절대 존재할 수 없는 완전무결한 책이 될 수밖에 없는 것입니다.

유클리드 기하학의 첫 장은 "점은 부분을 가지지 않는 것이다."라고 정의합니다. 이 말은 "점은 더 이상 쪼갤 수 없는 것이다." 즉, "점이란 크기를 갖지 않는 것이다."라고 말할 수 있기 때문에 '점'이라는 것은 실제로는 존재할 수 없지만, 부분을 가지지 않는 어떤 것을 '점'이라고 정의한 것입니다. 유클리드 기하학의 다음 문장은 "선은 폭이 없는 길이다.", "선의 양 끝은 점으로 이루어져 있다." 이런 식으로 진행이 됩니다. 유클리드가 정리한 기하학은 우리가 그리고 현재 우리 아이들이 배우는 모든 수학의 기본을 이루고 있으며, 2천 년 동안 전 인류의 수학 공부 역사에서 크게 변한 것 없이 오늘날에 이르고 있습니다. 그만큼 유클리드 기하학은 범상치 않은 위대함을 지니고 있는 것입니다.

이러한 유클리드를 자신의 가장 위대한 스승으로 받들며 자신의 철학 사상을 발전시킨 인물이 있습니다. 그가 바로 르네 데카르트(1596~1650)입니다. 데카르트는 조선에서 임진왜란이 일어난 1592년에서 4년이 지난 1596년 프랑스 중부지방에서 법관 귀족 가정에서 태어납니다. 어려서부터 매우 똑똑하였지만, 아침잠이 많았던 데카르트는 학창시절 잦은 지각으로 선생님들께 혼나기 일쑤였던 학생이었습니다. 하지만, 그의 천재성을 알아본 선생님들은 데카르트에게 늦잠을 배려하고 지각을 용인해 주었다고 합니다.

1616년 데카르트는 법학과를 졸업하지만, 법학보다는 세상에 많은 관심을 가지고 세상을 여행하고 다양한 학문을 탐구하게 됩니다.

고대와 중세 시절, 신학과 아리스토텔레스적 세계관을 중심으로 오랜 세월 인간과 자연 현상을 이해해왔던 서구인들에게 불어 닥친 새로운 세계관과 이론, 특히 코페르니쿠스의 지동설과 뉴턴의 만유인력의 법칙은 그들에게 매우 충격적인 사건이었고, 서구 세계는 엄청난 혼란과 혼동을 겪게 됩니다. 이러한 혼란과 혼동에 대한 반동으로 17~18세기에 걸쳐 많은 위대한 철학자들이 역사의 전면에 등장하게 됩니다.

르네 데카르트(프랑스, 1596~1650)를 비롯하여 빌헬름 라이프니츠(독일, 1646~1716), 조지 버클리(아일랜드, 1685~1753), 데이비드 흄(영국, 1711~1776), 이마누엘 칸트(독일, 1724~1804), 프리드리히 헤겔(독일, 1770~1831) 등 서양 근대 철학을 형성하는 위대한 철학자들이 이 시기 대거 등장하게 됩니다.

이들은 기존의 신학과 아리스토텔레스적 세계관을 해체하고 새로운 세계관을 정립하며 서구의 근대화를 이끌게 됩니다. 고대와 중세는 초인간적인 절대적 진리의 존재를 믿고, 그를 탐구하는 형이상학적 철학을 근간으로 하였다면, 근대의 철학은 인간의 경험과 자연과학적 진리에 기반한 인간의 자유 의지를 중요시하는 관념론적인 철학이 주류를 이루게 됩니다.

근대 서구 철학에 대해 다음과 같은 말이 있습니다. "칸트 이전의 모든 철학은 칸트에게 흘러들어와 독일 관념론이라는 호수를 만들었고, 그 호수에 담긴 물은 헤겔이라는 깔때기를 통해 바다로 흘러나가면서 현대 철학의 근간을 만들었다."

칸트와 헤겔 모두 관념론을 채택하고 있지만, 헤겔은 칸트와 달리 초인간적인 절대적 진리를 완전히 폐기하지는 않았으며, 특히 정반합에 기반하여 변증법을 정형화하여 철학적 사고 체계를 정립하는 위대한 업적을 쌓게 됩니다.

변증법은 소크라테스 이전부터 많이 사용되어진 철학적 사고의 도구로서, 상대방과 대화를 나누는 것, 질문을 던지는 것, 반증을 펼치는 것 등을 포함하는 가장 일반화된 철학 도구 중 하나입니다. 헤겔은 이러한 변증법을 정반합으로 보다 구체적으로 정형화한 것입니다. 관념론에서 가장 깊숙한 곳까지 탐험한 서구 철학자가 칸트라면, 가장 넓게 탐구하고 정리한 철학자는 헤겔일 것입니다.

그렇기 때문에 헤겔 이후 서구의 철학은 헤겔 좌파와 헤겔 우파로 크게 나누어지게 됩니다. 헤겔 좌파는 헤겔 사상 중에서 인간의 자유와 인간의 주체성을 강조한 진보주의적 관점과 변증법적 방법론을 비판적으로 수용하여 발전시켰으며, 대표적 철학자로 변증법적 유물론의 마르크스가 있습니다. 그와 반대로 헤겔 우파는 헤겔의 관념론만을 인정하고 헤겔 사상 대부분을 비판하는 반헤겔주의이며, 하이데거, 사르트르 같은 철학자가 있습니다. 헤겔 좌파에서 생겨난 마르크스주의와 헤겔 우파에서 생겨난 실존주의와 실용주의 철학을 현대 3대 철학이라고 부르고 있기 때문에 헤겔을 현대 철학의 아버지라고 부르고 있습니다.

한편, 근대 철학의 아버지 데카르트는 1637년 그의 대표 저서인

'방법서설'을 발표합니다. 데카르트는 그가 매료된 유클리드 기하학이 가지는 명료함처럼 철학도 수학처럼 명료한 진리를 가져야 한다고 생각을 하고 이러한 생각을 기반하여 기존의 모든 지식을 의심하는 '방법적 회의'를 통해 그의 철학적 사고의 깊이를 만들어 가게 됩니다. 그리고 데카르트는 그의 철학의 완성을 절대 의심할 수 없는 4가지 공리로 만들고 그의 저서 방법서설을 통해 세상에 발표를 합니다.

① 나는 생각한다. 고로 존재한다.
② 모든 현상에는 필연적으로 원인이 있다.
③ 결과가 원인보다 클 수 없다.
④ 완벽함, 공간, 시간, 운동이라는 개념은 마음에 타고 나는 것이다.

데카르트의 '방법서설'을 글자 그대로 풀어 쓰면 방법의 이야기입니다. 즉, 우리의 생각을 바르게 이끌어주는 방법들에 관한 이야기라고 말할 수 있습니다. 그리고 그 방법을 데카르트는 4가지 공리로 정의하고 있는 것입니다. 그는 실제로 자신이 만든 4가지 공리를 이용하여 수많은 명제들을 증명해 나갑니다. 간단하게는 '건강 유지 비법' '기술 발명 원리' 같은 것을 포함하여, 매우 난해한 초인간적이며 궁극적으로는 눈에 보이지도 않는 것들인 '형이상학적 진리의 이해'까지 자신의 공리를 이용하여 증명을 합니다. 가령 "신은 존재하는가?"란 질문에 대해서 데카르트는 자신의 두 번째 공리 즉 "모든 현상에는 필연적으로 원인이 있다"를 이용하여 "신이 존재한다"라는 것을 증명을 합니다. 훗날 니체는 데카르트의 두 번째 공리에 대한 반증을 하게 됩니다.

한편, 데카르트의 방법서설에는 정말 놀라운 발명으로 칭송 받고 있는 '직교좌표계'에 대한 내용이 있습니다. 근대 수학의 획기적 발전을 만들게 되는 데카르트의 직교좌표계는 유클리드 기하학에 심취했었던 데카르트가 누워서 천장에 붙어 있는 파리의 위치를 나타내는 방법을 고민하다가 발명하게 됩니다. 직교좌표계는 기준점(0)을 잡고 이 점을 통과하는 두 개의 직교하는 직선 x축과 y축을 만들어 평면을 정의하면 평면상에 존재하는 모든 점들을 단지 두 개의 숫자만으로 나타낼 수 있게 되는 것입니다.

직교좌표계의 진정한 위대함은 데카르트 이전의 대표적 수학인 기하학과 대수학이 합쳐질 수 있는 초석을 마련한 것입니다. 그리고, 일부 천재들만 이해할 수 있었던 난해한 기하학을 보다 쉽게 이해할 수 있게 되었기 때문에 수학의 대중화에 막대한 기여를 한 것입니다. 기하학과 대수학이 직교좌표계를 통해 결합되면서 놀라운 수학의 발전이 만들어지게 됩니다. 방정식, 행렬, 미적분학을 포함한 오늘날 거의 모든 수학의 형태가 만들어지는 계기가 되는 것입니다.

페르시아의 수학자 알 콰리즈미(780~850)는 아라비아 숫자를 이용하여 사칙연산을 만들었고, 수를 대신하여 문자를 사용하는 대수학의 근간을 만들게 됩니다. 하여, 알 콰리즈미를 대수학의 아버지라 부르고, 그의 저서 제목에서 대수학(Algebra)이 유래 되었으며, 그의 이름 알 콰리즈미의 라틴어 표기에서 '알고리즘'이라는 말이 유래되었을 정도로 그는 현대 수학에 지대한 영향을 미치는 인물입니다.

고대 그리스의 수학자 유클리드와 중세 페르시아의 수학자 알 콰리즈미를 거쳐 데카르트는 직교좌표계를 만들게 되고, 직교좌표계의 발명으로 뉴턴은 운동방정식과 미적분학을 만들고, 맥스웰은 전자기력 방정식을 만들고, 아인슈타인은 상대성 이론을 만들고, 닐스 보어는 양자 역학을 만들게 되는 것입니다. 이렇게 수학의 역사는 혁신과 혁신 그리고 논증과 반증을 통해 발전에 발전을 거듭하게 됩니다. 그리고 현재 우리는 수학으로 만들어진 세상, 수학으로 만들어가는 과학기술 문명의 중심에서 '지금 이 순간' 우리의 삶을 살아가고 있는 것입니다.

05

뉴턴 '프린키피아'

우리에게 핼리혜성으로 유명한 영국의 천문학자 핼리는 영국왕립학회 회원으로 있을 때, 천재 수학자 뉴턴(1642~1727)을 찾아갑니다. 행성의 타원 운동을 정리한 케플러의 법칙을 수학적으로 증명을 할 방법이 없자 뉴턴에게 수학적 증명이 가능한지 의뢰를 합니다. 이때 뉴턴은 웃으면서 케플러 법칙의 수학적 증명은 이미 오래전에 정리해 두었다고 말하여, 핼리는 매우 놀라게 됩니다. 이후 핼리의 권유로 인류의 가장 위대한 유산 중 하나인 뉴턴의 프린키피아가 1687년 출간되게 됩니다. Principle의 라틴어 표기인 프린키피아에서 뉴턴은 '힘'의 개념을 인류에게 선물합니다. 흔히 역학이라 부르며, 관성의 법칙, 운동의 법칙, 작용 반작용의 법칙 3가지 힘의 법칙을 설명하고 있습니다.

개인적으로 뉴턴의 제2 법칙인 운동방정식 $F=ma$를 사용하여 소음과 진동을 개선하는 업무를 25년째 하고 있습니다. 운동방정식을 이용하여 우리는 물체의 고유진동수를 얻을 수 있고, 고유진동수는 강성(k)/질량(m)으로 매우 간단한 수식입니다. 즉 강성을 올리면 고유진동수가 올라가며, 질량을 올리면 고유진동수가 내려갑니다.

 ma는 질량 곱하기 가속도로 질량을 가진 물체의 가속 운동을 나타내고 있으며, 물체의 가속을 위해서는 반드시 외력 F가 있어야 가능하다는 의미를 내포하고 있습니다. 질량을 가지는 물체에 가해지는 외력의 주파수가 물체가 가지고 있는 고유진동수와 일치할 경우 공진이란 현상이 발생하고, 소음과 진동이 기하급수적으로 증폭하게 됩니다. 엔지니어들은 이러한 공진 현상을 줄이거나 없애기 위해 질량과 강성을 변경하여 공진이 발생되지 않도록 노력하고 있습니다. 하지만, 공진을 피할 수 없는 경우에는 고무와 같은 말랑말랑한 댐핑 재질을 이용하여 공진의 크기를 낮추기 위해 노력을 합니다.

 자동차 내부에는 엔진이 있으며 엔진의 실린더에서는 엄청난 폭발이 끊임없이 발생하기 때문에 진동과 소음이 매우 크고, 이러한 엔진의 진동과 소음을 줄이기 위해 엔진 마운트를 적용하고, 엔진 마운트는 댐핑을 사용하여 엔진에서 발생한 소음과 진동의 전달율을 최소화하고 있습니다. 물론, 언급되지 않은 수많은 공진 회피와 고도화된 진동절연 및 흡차음 기술이 적용되고 있기 때문에 우리는 승차감이 좋고 조용한 차를 탈 수 있는 것입니다. 요즘 유행하는 전기차는 엔진소음이 사라져 상대적으로 조용하지만, 또 다른 소음원인 모터나 기어 같은 부품들의 소음이 크게 발생하고 있으며, 이들 소음을 줄이는 것도 모두 F=ma를 응용하여 줄여나가고 있습니다.

이러한 뉴턴의 운동방정식은 우리가 사는 집을 포함한 우리 주변의 눈에 보이는 거의 모든 제품들에 자연스럽게 응용되어 있다고 생각하시면 됩니다. 뉴턴에 의해 발견된 힘의 개념은 인류의 삶의 방식을 획기적으로 바꿔놓게 되고, 근대 산업화와 기계 문명화의 모든 시작을 만들었다고 해도 과언이 아닐 만큼 혁명적 사건을 만든 것입니다.

뉴턴의 역학은 1664년 서유럽 전역에서 페스트가 유행하자 고향으로 내려온 뉴턴이 2년 동안 사색과 실험으로 시간을 보내며 만들어진 것이라고 합니다. 그 유명한 사과의 낙하 운동을 보고 만유인력의 법칙을 발견하게 된 것도 그때의 일입니다. 역사적 진실은 뉴턴이 그때 생각한 것은 '사과는 땅으로 떨어지는데, 하늘에 있는 달은 왜 땅으로 떨어지지 않는가?'란 의문이었다고 합니다.

만약 아리스토텔레스에게 같은 질문을 하였다면, 아리스토텔레스는 "사과는 지상에 있는 것이라서 땅으로 떨어지는 것이고, 달은 천상에 있는 것이라서 떨어지지 않는다."라고 답변하였을 것입니다. 아리스토텔레스는 지상계와 천상세를 구분히여 각가 다른 물리 법칙이 존재한다고 생각을 하였고, 아리스토텔레스의 생각은 뉴턴 이전까지 모든 서구인들에게 상식적으로 받아들여진 것이었기 때문에, 뉴턴이 생각한 "달은 왜 지구로 떨어지지 않는가?"는 상당히 창의적인 질문이었던 것입니다.

  뉴턴은 자신이 가지고 있었던 이러한 의문을 풀기 위해서 고민과 고민을 거치면서 '중력'을 발견하게 되고, 뉴턴의 중력 법칙을 만들게 됩니다. 질량을 가지는 두 물체는 서로 끌어당기는 힘이 존재하며, 이러한 힘은 두 물체 사이의 거리의 제곱에 반비례하고, 두 물체의 질량 곱에 비례한다는 매우 간단한 수식이지만, 이 간단한 수식으로 이후 인류는 천체의 거의 모든 운동을 설명할 수 있게 됩니다. 뉴턴의 중력 법칙, 즉 만유인력의 법칙을 이용하면 케플러의 타원 운동과 뉴턴이 품었던 의문 "사과는 지구로 떨어지는데, 달은 왜 지구로 떨어지지 않는가?"도 아주 단순 명료하게 수학적 증명을 할 수 있게 됩니다.

  역사적으로 뉴턴의 위대한 두 가지 업적으로 광학과 역학을 들고 있으며, 그 중 '프린키피아'에는 뉴턴의 역학과 중력의 법칙을 포함하고 있습니다. 이후 뉴턴의 역학과 중력은 인류의 삶의 방식과 사고의 방식을 송두리째 바꿔놓기 때문에 인류 역사상 가장 위대한 발명이라고 현재까지 칭송받고 있는 것입니다.

당시의 사람들도 뉴턴을 인류 역사상 신의 영역에 가장 가까운 곳에 간 사람이라고 경외하였고, 그를 칭송한 대표적인 철학자가 볼테르입니다.

프랑스의 대표적인 계몽주의 철학자 볼테르(1694~1778)는 청년 시절 유럽의 최고 지성인 뉴턴을 만나고 싶어 했지만, 결국 실제로 만나지는 못하고, 우연히 그의 장례식을 목격하게 됩니다. 볼테르는 영국에서 뉴턴의 장례식이 매우 성대하게 치러지는 것을 보고 매우 큰 충격을 받게 됩니다. 여섯 명의 고관대작이 뉴턴의 관을 메고 왕족과 귀족들이 묻혀 있는 유서 깊은 웨스트민스터 사원에 정중히 매장하는 모습을 보고, 일개 학자에게 이 정도의 명예를 베풀어 주는 영국 사회에 놀라움을 금치 못했던 것입니다.

영국과 비교하여 자신의 조국 프랑스의 비참한 현실을 실감하고, 고국으로 돌아온 볼테르는 그의 계몽사상의 상징적 인물로 뉴턴을 앞세우고, 뉴턴의 역학을 프랑스에 전파하기 시작합니다. 라틴어로 쓰여 있고, 매우 난해한 프린키피아를 도저히 이해하기 힘들었던 볼테르는 그의 연인 에밀리의 도움을 받아 프린키피아를 번역하여 프랑스에 소개합니다. 그리고, '뉴턴 철학의 요소들'을 집필하여, 뉴턴 과학이 프랑스에 널리 퍼지게 하는 중요한 역할을 하게 됩니다.

오늘날 많은 사람들은 현대인의 삶에 가장 큰 영향을 끼친 역사적 인물로 뉴턴을 언제나 다섯 손가락 안에 포함시키고 있습니다. 그리고 뉴턴이 만유인력의 법칙을 발견했다고 전해지는 1666년을 인류 기적의 해라고 부르고 있습니다.

TVN 알쓸신잡 3에 출연하여 친근함을 주는 경희대 물리학과 김상욱 교수님은 뉴턴의 운동방정식, F=ma에 대해 다음과 같은 말을 합니다. "F=ma는 단 세 개의 문자로 우주의 모든 운동을 기술하고 있으며, 아리스토텔레스가 나누어 놓은 지상계와 천상계의 물리 법칙을 하나의 계로 통합하여 설명하는 매우 아름다운 수식입니다. 그리고 뉴턴의 운동방정식이 가지는 의미를 단 세 줄로 표현할 수 있으며, 이 세 줄의 의미를 이해한다면 운동방정식을 제대로 이해한 것입니다.

-

'일정한 속도로 움직이는 것은 자연스러운 운동이다.
속도가 변한다는 것은 자연스럽지 못하다.
따라서 운동의 법칙은 속도의 변화를 기술하고 있다.'"

〈경희대 김상욱 교수〉

06

양자 역학의 탄생

빛은 입자일까요? 파동일까요? 오랜 세월 과학자들을 괴롭혀 온 숙제입니다. 18세기 뉴턴은 프리즘 실험을 통해 빛의 입자설을 주장하지만, 19세기 토머스 영(1773~1829)은 파동의 대표적 성질인 회절과 간섭 실험을 성공하고, 제임스 맥스웰(1831~1879)은 빛의 정체가 전자기파임을 밝히는 맥스웰 방정식을 만들고, 하인리히 헤르츠(1857~1894)가 맥스웰 방정식을 실험적으로 증명을 하면서, 수백 년간 이어온 논쟁은 파동설의 승리로 막을 내리는 것처럼 보였습니다.

하지만, 1905년 아인슈타인(1879~1955)이 광양자설을 발표하여 과학자들은 또다시 혼란에 빠지게 됩니다. 이렇듯 20세기 초반 빛의 입자설과 파동설의 치열한 논쟁 끝에 탄생하는 것이 바로 양자 역학입니다. 결론적으로 현대 양자 역학에서는 빛의 이중성, 즉 빛은 입자의 성질과 파동의 성질을 동시에 가지는 것으로 정의하고 있습니다.

19세기 영국은 세계 최강국이었으며, 당시 영국 최고 대학인 케임브리지 대학교수로 있었던 톰슨은 1899년 전자를 발견함으로써, 물질의 최소 단위로 생각했던 원자보다 더 작은 물질이 있음을 알렸고, 이후 수많은 과학자가 원자 구조 연구에 몰두하게 됩니다.

톰슨과는 달리 러더퍼드(1871~1937)는 당시 변방 국가인 뉴질랜드의 작은 시골 마을에서 태어났으며, 농부인 아버지를 도와 농사일도 하면서 학업을 병행하게 됩니다. 뉴질랜드에서 석사 졸업 후 케임브리지 대학 장학금을 받고자 노력하였으나, 차선자로 아깝게 장학금 수령에 실패하게 됩니다. 실의에 빠진 러더퍼드가 감자를 캐고 있을 때 뜻밖의 소식을 전달받게 됩니다. 일등 후보자가 장학금을 포기한 관계로, 러더퍼드에게 장학금 혜택이 돌아온 것입니다. 러더퍼드는 손에 쥐고 있던 감자를 힘껏 던지면서 "이 감자가 내가 캔 마지막 감자다."라고 외칩니다.

그리고 러더퍼드는 영국으로 가서 톰슨 밑에서 연구할 수 있는 행운을 얻게 됩니다. 이후 캐나다 맥길 대학의 물리학부 교수로 부임하여 방사성 물질의 알파선에 대한 연구를 진행합니다. 캐나다에서의 생활은 성공적이었지만, 당시 주류 사회인 영국으로 가고자 했던 러더퍼드는 1907년 맨체스터 대학의 물리학과 교수로 가게 됩니다. 그리고, 1908년 그 유명한 알파입자 산란 실험을 통해 원자핵의 존재를 발견하게 됩니다.

톰슨이 발견한 전자와 러더퍼드가 발견한 원자핵이 합쳐져 원자를 구성한다는 것이 세상에 처음으로 밝혀진 것입니다. 러더퍼드는 원자의 구조에서 원자핵이 거의 모든 중량을 가지고 있고, 그 주위에 질량이 거의 없는 전자가 원자핵을 중심으로 원운동하고 있는 원자 모형을 생각해 냅니다. 이후 러더퍼드는 방사성은 한 원자가 다른 원자로 변환될 때 방출되며 알파선, 베타선, 감마선이 있다는 것을 발견하며, 현대 핵물리학의 아버지로 추앙받게 됩니다.

러더퍼드의 원자 모형은 물리학의 새로운 지평을 열었지만, 질량이 작은 전자는 전자기력에 의해 원자핵으로 끌려 들어가 곧바로 붕괴되어 버려야 한다는 오점을 남깁니다. 이러한 오점을 보완한 사람이 바로 닐스 보어입니다.

현대 양자 역학의 아버지로 불리는 닐스 보어(1885~1962)는 덴마크에서 태어나서 코펜하겐 대학을 졸업합니다. 그리고 러더퍼드의 알파입자 산란 실험 당시 그의 밑에서 함께 일하게 됩니다. 귀국 후 코펜하겐 대학교수로 재직하면서 러더퍼드의 원자 모형의 단점을 보완하는 작업에 착수합니다. 닐스 보어는 이후 많은 연구와 고민 끝에 막스 플랑크의 플랑크 법칙과 러더퍼드의 원자 모형을 합쳐서, 1913년 새로운 원자 모형을 제시하게 됩니다.

보어의 원자 모형은 덩어리진 물리량, 즉 양자 개념의 적극적 도입과 양자 역학의 3대 미스터리로 불리는, 양자 도약, 양자 중첩, 양자 얽힘 중 하나인 '양자 도약'의 개념을 포함하고 있으며, 이후 닐스 보어가 '코펜하겐 해석'을 적극적으로 주도하였기 때문에 현대 양자 역학의 가장 큰 공헌자로 많은 사람들이 인정하고 있습니다.

닐스 보어의 양자 도약을 간단하게 설명하면, 원자핵 주위를 도는 전자는 일정한 궤도를 안정적으로 돌고 있지만, 빛과 같은 외부 자극이 오면 다른 궤도로 옮겨 가게 되는데, 옮겨 가는 과정이 공상 과학 소설에서 나오는 순간 이동과 같이 옮겨 간다는 것입니다. 즉, 전자가 안정적으로 돌고 있는 궤도에서 '팍'하고 사라졌다가, 다른 새로운 궤도에서 전자가 '짠'하고 나타난다는 것입니다. 닐스 보어의 원자 모형은 이러한 황당함 때문에 처음에는 많은 사람들로부터 인정을 받지는 못합니다. 하지만, 닐스 보어의 가설에 힘을 실어 준 것이 1927년 하이젠베르크의 불확정성의 원리입니다.

거시 세계를 다루는 뉴턴의 고전 역학에서는 어떤 물체의 현재 위치와 운동량을 알고 있으면, 일정 시간이 지난 후의 물체의 위치와 운동량을 계산, 즉 예측할 수 있지만, 미시 세계를 다루는 양자 역학에서는 전자의 위치와 운동량을 동시에 알 수 없기 때문에 일정 시간이 지난 후의 전자의 위치와 운동량을 예측할 수 없다는 것입니다. 여기에서 정말 중요한 핵심은, 전자의 위치와 운동량을 동시에 알 수 없다는 것이 측정 기술상의 문제가 아니라, 전자의 기본 성질, 즉 전자는 본질적으로 어떤 방식으로든 측정할 수 없는 성질을 가지고 있다는 것입니다. 왜냐하면 전자는 '양자 중첩'의 성질을 가지고 있기 때문입니다.

앞서 소개한 양자 도약 보다 훨씬 더 황당한 성질인 전자의 '양자 중첩'은 간단히 다음과 같이 이해하시면 됩니다. "전자는 파동과 입자 이중성을 가지고 있으며, 평소에는 파동처럼 행동하지만, 누군가가 전자의 움직임을 측정하려는 순간에는 입자처럼 행동한다"라는 개념입니다. 즉, 측정 또는 관측이라는 행위가 전자에 가해질 때 전자는 전혀 다른 성질의 것으로 변한다는 의미입니다.

1927년 벨기에 브뤼셀에서는 물리학 역사상 가장 많은 천재들이 모여, 가장 치열한 논쟁을 벌였던 그 유명한 '제5차 솔베이 회의'가 열리게 됩니다. 여기에서 닐스 보어, 막스 보른, 하이젠베르크 등 젊은 물리학자들이 불확정성의 원리에 기반한 양자 역학 이론을 물리학계가 받아들일 것을 제안합니다. 이들의 주장을 '코펜하겐 해석'이라고 부르며, 코펜하겐 해석은 오늘날 양자 역학을 탄생시키게 됩니다. 당시에는 아인슈타인, 슈뢰딩거, 드브로이 같은 선배 물리학자들과 거친 논쟁을 벌이지만, 치열한 논쟁을 거듭하면서 양자 역학은 더욱더 발전에 발전을 거듭하게 됩니다. 이후 양

진영의 대표격인 닐스 보어와 아인슈타인은 오늘날까지 회자되는 유명한 설전을 펼칩니다.

아인슈타인이 양자 역학을 향해 남긴 유명한 말입니다. "신은 주사위 놀이를 하지 않아. 불확실한 것은 과학이라고 할 수 없어. 과학은 모든 것이 정확해야 해. 코펜하겐 해석이 주장하는 비결정론을 버려라. 실체는 원래 있는 것인데, 우리가 모르는 뭔가가 있는 것이다. 그 무언가를 나는 '숨은 변수'라 부르겠다." 이에 닐스 보어는 다음과 같이 반론을 합니다. "글쎄요? 과학의 세계에도 예측 불가능한 것들이 있죠. 우연도 과학의 한 부분이라고 할 수 있지요. 전자를 본 사람은 아무도 없습니다. 그런데도 우리는 인간이 모든 것을 이해해야만 한다는 오만에 빠져 있습니다. 자연계에는 당연히 인간이 이해할 수 없는 현상이 포함되어있는 것입니다. 모든 현상을 이해하고자 하는 것에서 떠나야 합니다."

양자 역학의 중요한 시작을 알리는 광양자설로 노벨 물리학상까지 받은 아인슈타인이 코펜하겐 해석을 죽을 때까지 반대했다는 것은 매우 역설적이며 흥미로운 일입니다.

2019년 CES에서 IBM은 세계 첫 상용 양자컴퓨터 'Q 시스템 원'을 공개합니다. 1982년 리처드 파인만이 처음 제안한 양자 컴퓨터는 아직까지 걸음마 단계지만, 2018년 네이처 논문에서 양자 중첩과 양자 얽힘을 이용한 양자 컴퓨터는 현재의 슈퍼컴퓨터가 150년 걸리는 문제를 단 4분 만에 처리할 수 있다고 밝혔습니다. 그리고 양자컴퓨터 시대가 열리면 운송망, 빅데이터 분석, 신약 개발, 새로운 물질 개발 등에 혁신을 가져올 것이며, 현재의 모든 암호시스템은 무용지물이 되어 새로운 형태의 암호시스템이 도입될 것이라고 예상하고 있습니다. 양자 역학을 이용한 대표적인 제품이 반도체이고, 반도체는 스마트폰을 비롯한 거의 모든 전자 제품에 적용이 되어 우리의 삶을 편리하게 만들어 주고 있습니다.

막스 플랑크, 아인슈타인, 슈뢰딩거, 닐스 보어, 막스 보른, 하이젠베르크 등 수 많은 천재 물리학자들이 탄생시킨 양자 역학의 세상은 매우 난해하고 황당하지만, 딴 세상의 이야기가 아니라 바로 우리들의 삶에 직접 부딪혀, 물질적이든 정신적이든 우리들에게 지대한 영향을 미치고 있는 것은 분명한 사실입니다.

아인슈타인, 스티븐 호킹과 더불어 20세기 3대 천재로 불리는 리처드 파인만은 황당하기까지 한 양자 역학의 세계에 대해 다음과 같은 말을 남깁니다.

"양자 역학을 완벽하게 이해한 사람은 나를 포함해서 아무도 없다고 자신 있게 말할 수 있다."

07

로보트 태권브이

저는 바둑을 잘 두지 못하지만, 바둑을 보는 것은 좋아하였습니다. 바둑의 원조는 중국이지만 현대 바둑의 틀을 만든 것은 일본입니다. 당연히 일본 바둑은 세계 최강이었습니다.

하지만, 1960년대 한국의 바둑 신동 조치훈이 6세의 나이로 일본으로 건너가 일본 바둑을 주름잡습니다. 또 한 명의 신동 조훈현은 세계 최연소 9세로 프로가 되고 일본 바둑 유학을 다녀온 이후 한국의 거의 모든 바둑 기전을 휩쓸게 됩니다. 이 시절 1인자 조훈현을 단 한 번이라도 이길 수 있는 유일한 기사가 서봉수 9단이었습니다. 누구에게도 바둑을 배운 적 없지만, 어깨너머로 배운 바둑으로 한국의 2인자가 된 또 한 명의 천재 기사입니다. 이후 어린 시절 적수가 없어 바둑을 그만두었다가 다시 바둑을 시작하여 최고의 위치까지 오르는 비운의 천재 유창혁이 등장합니다.

그리고, 세계 바둑사에 누구도 이룰 수 없는 대 업적을 남기는 천재 중의 천재 이창호가 등장합니다. 11세에 프로가 된 이창호는

통산 타이틀 140회, 세계 대회 최다 우승 21회를 달성합니다. '응답하라 1988'에서 박보검이 연기한 최택의 모델이 바로 이창호 9단입니다. 실제 이창호를 많은 사람들이 돌부처, 신산으로 부르며 추앙합니다. 오히려 한국보다는 중국에서 그의 명성이 더욱 높습니다. 조훈현, 서봉수, 유창혁, 이창호 4명의 불세출의 천재들이 동시에 활동하던 90년대 한국 바둑은 세계 최강을 넘어 중국, 일본 바둑인들의 존경과 부러움을 받던 시절이었습니다.

이창호를 이어 등장한 한국의 일인자가 바로 이세돌 기사입니다. 톡톡 튀는 행동으로 그에 대한 호불호가 있었지만, 개인적으로 가장 좋아하는 기사입니다. 잘못된 바둑계의 관행에 용감하게 자신의 목소리를 내고, 정형화되지 않은 독창적인 바둑을 두는 이세돌 기사의 바둑은 항상 흥미진진하였습니다.

2016년 3월 이세돌 기사는 그 유명한 알파고와 인간 대 인공지능의 세기적 대결을 펼칩니다. 전성기가 지난 이세돌 기사였지만, 인공지능에게 질 것이라고는 꿈에도 상상 못했던 저에게는 매우 충격적인 사건이었습니다. 최근 바둑 TV에서 이세돌 기사가 알파고에게 유일하게 승리했던 제4국의 재방송을 다시 보게 되었고, 그 당시 느낄 수 없었던 묘한 감정이 들었습니다. 이미 승패가 갈린 시점이었지만, 어떻게든 인공지능을 한 번 이겨보겠다는 집념으로, 시종일관 진지한 자세로 누구의 도움도 받을 수 없는 바둑판

위에서 인류를 대표하여 최첨단 슈퍼컴퓨터의 지원을 받는 알파고와 홀로 고독한 수 싸움을 벌이고 있는 이세돌 기사의 야위고 초췌한 모습은 무척이나 애잔한 마음과 함께 표현할 수 없는 진한 감동까지 불러일으켰습니다. 이것은 마치, 미래에서 온 감정 없는 막강한 로봇 터미네이터 T-800과 안타깝고 처절한 싸움을 벌이는 여전사 '사라 코너'를 바라보는 느낌이었습니다.

알파고 이후 바둑에서 인공지능의 실력은 인간이 넘볼 수 없는 단계가 되었으며, 인공지능이 급속도로 대중화되는 계기가 되었습니다.

인공지능 기술을 쉽게 설명하기 위해 흔히 사용하는 것이 개와 고양이 분류입니다. 수백만 장의 개의 사진과 고양이 사진을 인공지능 학습망에 입력으로 넣어주면서 개의 사진인지 고양이의 사진인지 알려주는 것입니다. 그것을 지도 학습이라고 부릅니다. 그러면 인공지능 알고리즘은 인간의 눈으로는 알 수 없는 개와 고양이의 차이점, 특징을 찾고 그 특징을 이용하여, 다음에 새로운 사진을 보여 주면 그것이 개인지 고양이인지 판별할 수 있게 되는 것입니다.

많은 인공지능 기술 중에서 딥마인드 허사비스가 만든 알파고는 딥러닝 기술을 활용하여 만든 것이었습니다. 알파고는 딥러닝 기술 중에서 지도 학습과 강화 학습을 거쳐 완성된 인공지능입니다.

우선 지도 학습으로 기본 정책망을 만들고 다음에는 강화 학습으로 정책망과 가치망 두 가지의 신경망을 지속적으로 업그레이드하는 방식을 사용한 것입니다. 알파고의 정책망은 기존의 바둑 기보를 이용하여 학습을 진행한 후 보편적으로 어디에 바둑돌을 놓는 것이 가장 좋은가를 판단하여 바둑돌을 놓고, 가치망은 정책망이 결정한 바둑돌 위치가 정말 좋은 위치(승리)인지 나쁜 위치(패배)인지를 판단해 줍니다. 만약, 나쁜 위치라면 다른 위치를 찾으라고 정책망에게 알려주고, 정책망은 새로운 위치를 결정하고, 자신의 알고리즘을 업그레이드시켜나갑니다.

알파고는 기본적 정책망을 만들기 위해 16만 건의 아마추어 기사들의 바둑 기보를 Input Data로 활용하였고, 이후 3,000만 건의 문제 풀이 과정을 통해 완성하였습니다.

조금 쉽게 요리하는 과정에 비유를 하면, 탕수육을 요리하기 위해 요리사가 어떻게 요리를 하면 가장 맛있는 탕수육을 만들 수 있을까를 고민하고, 탕수육에 필요한 요리 재료들을 Input에 넣어주면 인공신경망은 일차적으로 기본적 요리법에 의해서 탕수육 요리를 만들게 되고, 이차적으로 탕수육을 먹어본 요리사가 맛에 대한 평가(맛있다, 맛없다)를 피드백 해주게 되면, 새로워진 요리법으로 다시 요리하고, 맛을 평가하는 작업을 계속 반복하는 것입니다. 이러한 반복을 계속하다 보면 결국 요리사가 원하는 맛있는 탕수육을 만들 수 있다는 원리입니다.

인공신경망 이론은 수십 년 전부터 나와 있었지만, 인공지능 학습을 위한 데이터 문제, 학습에 걸리는 컴퓨터 계산 시간 문제 등으로 좀처럼 발전하지 못하였지만, PC, 인터넷, 모바일 기계의 활용으로 쌓이게 된 빅데이터와 빅데이터 처리기술 그리고 게임 산업으로 활성화된 GPU 기술 등이 뒷받침되면서 딥러닝 기술을 실전에 사용할 수 있는 환경이 조성된 것입니다. 이렇게 다양한 기술들이 함께 발전하면서 탄생한 알파고는 인류에게 엄청난 충격과 함께, 엄청난 삶의 변화를 가져오게 됩니다. 인공지능개발을 위해 가장 중요한 것은 데이터입니다. 가장 맛있는 탕수육을 만들기 위해 선결되어야 하는 것은 요리법이 아니라 요리 재료입니다. 돼지고기, 야채, 소스 재료 같은 것들이 없다면, 탕수육 자체를 만들 수 없기 때문입니다.

구글은 수천억을 들여 만든 인공지능 개발 SW '텐서플로'를 오픈 소스로 제공하지만, 그들이 가지고 있는 데이터는 절대 공유하지 않습니다. 이제는 텐서플로 같은 오픈 소스를 활용하면 누구나 간단한 인공지능을 만들 수 있는 세상이 되었습니다. 알파고가 몰고 온 태풍 '딥러닝' 기술은 의료, 가전, 스마트폰 등 거의 모든 분야에 응용이 되고 있으며, 로봇 공학 분야에서도 딥러닝 기술은 매우 빠르게 적용되고 있습니다.

  2019년 7월 세계적 로봇 공학자인 데니스 홍 UCLA 교수가 저희 회사에서 강연을 하게 되었습니다. 저는 어렵게 표를 구하여 입장하였고, 데니스 홍 교수의 강의는 1시간 30분 내내 에너지가 넘치고, 흥미진진하였으며, 그의 연구실 'RoMeLA'에서 최근 만든 로봇들의 비약적인 발전은 매우 놀라운 것이었습니다. 강의 마지막 부분에서는 시각 장애인용 차량 개발 에피소드를 소개하며 눈물을 흘리는 데니스 홍 교수에게 모든 이들이 함께 감동을 느끼며 뜨거운 박수를 보내는 대단한 명강의였습니다. 함께 강연을 들은 저희 팀원들 모두 감탄을 자아냈습니다.

  데니스 홍 교수는 대학 시절 같은 과 동기로서 1년 정도 함께 공부하였던 지라, 강연 후 너무 반갑게 인사를 하였습니다. 그는 여전히 학창시절처럼 활력이 넘치는 친구였습니다. 급한 일정으로 바로 미국으로 돌아갔지만, 그의 연구 열정에 찬사를 보내며, 로봇 공학계에 불멸의 업적을 남기기를 대학 동기로서 힘찬 응원을 보내고 싶습니다.

  2015년 세계 재난 로봇 경진 대회가 열렸고, 세계 최고의 로봇 공학자들이 참가하여 우승은 한국의 '팀 카이스트'가 차지합니다. 로봇 스스로 차를 타고 운전하고, 계단을 오르고, 문을 열고, 벽을

뚫는 등 놀라운 로봇의 발전을 보여 주었습니다. 하지만, 무언가 매우 엉성해 보입니다. 어릴 적 보았던 로보트 태권브이와는 격차가 너무 커 보였습니다. 자주 넘어지고, 불안불안 계단을 오릅니다. 하지만, 이러한 로봇 공학 분야에서도 인공지능이 탑재되면서 혁신을 가져오게 됩니다.

로봇 공학에서 가장 중요한 기술 중 하나는 제어 기술입니다. 가고, 서고, 물건을 들어 올리는 것 모두 제어 프로그램에 의해 조종되는 것입니다. 이러한 제어 분야에도 인공지능기술이 접목되면서 혁신이 일어나고 있습니다. 휴머노이드 로봇의 세계 선두주자인 보스턴 다이나믹스는 구글이 2017년 소프트뱅크에 매각합니다. 이즈음 인공지능 기술과 로봇제어 기술의 본격적인 결합이 일어나며, 로봇 분야에 혁신이 일어납니다. 이후 보스턴 다이나믹스에서 개발된 로봇들은 덤블링을 하고, 달리고, 점프하고, 눈길을 미끄러지지 않고 자연스럽게 걸어갑니다. 수십 년간 발전된 로봇들보다 최근 몇 년간 발전이 더욱 눈부십니다. 뉴턴이 발견한 힘을 인간만이 느끼고 다루었는데, 이제는 로봇이 그 힘을 느끼고 다룰 수 있는 세상이 되었다는 것입니다.

냉장고의 문을 열고 계란을 한 개 집어서 싱크대 모서리에 툭 쳐서 깨고 프라이팬에 살포시 올려주고 계란프라이를 만드는 것은 사람에게는 쉬운 일이지만, 그동안 로봇은 흉내도 낼 수 없는 일이었습니다. 하지만, 이제는 힘을 느끼는 로봇의 등장으로 모든 것이 가능해졌습니다.

알파고가 탄생하기 이전부터 딥러닝 분야의 최고 권위자로 인정받고 있었던 토론토대학의 제프리 힌튼, 뉴욕대의 얀 르쿤과 함께 스탠포드 대학의 중국계 미국인 앤드류 응 교수가 있습니다. 앤드류 응은 스탠포드대 교수 재임 시절 가정용 인공지능 로봇 'STAIR'를 만들었고, STAIR 프로젝트를 진행하며 만든 로봇제어 오픈 소스는 'ROS'의 근간이 되고, ROS는 현재 전 세계적으로 로봇제어 분야에서 혁신을 일으키고 있습니다. 구글이 배포한 텐서플로 같은 인공지능 오픈 소스를 이용하여 누구나 인공지능을 개발할 수 있게 된 것처럼, 최근 ROS를 이용하여 많은 인공지능 로보틱스가 만들어지고 있습니다.

이렇게 혁신이 혁신과 만나고 만나는 어느 시점에 우리가 꿈꾸던 로보트 태권브이가 진짜로 탄생할지도 모를 일입니다.

우버, 에어비앤비 같은 플랫폼 회사가 대세가 된 지는 오래되었습니다. 하지만, 개인적으로는 플랫폼 회사의 한계, 심지어는 넷플릭스, 유튜브 같은 콘텐츠 회사들의 한계가 있다고 생각됩니다. 왜냐하면, SW 위력은 대단하지만 기술적 접근성 관점에서 보면, 예상하지 못한 새로운 혁신과 만나는 시점, SW 분야는 한순간에 무너져 내릴 수 있기 때문입니다.

인공지능 분야에서는 기존 바둑 기사의 기보가 필요 없이 단지, AI와 AI 사이에서 만들어진 데이터만을 이용하여 만들어진 '알파고 Zero'처럼 데이터를 만들어내는 방법에도 새로운 혁신이 이뤄지고 있으며, 로봇 분야에서는 기존의 제어 기술보다 실제 로봇의 기구학적 설계 기술과 로봇 액추에이터 개발 기술이 보다 중요해지고 쉽게 접근하지 못하는 핵심 기술이 될 수 있습니다.

리처드 다베니가 쓴 '넥스트 레볼루션'에서는 20~30년 뒤에는 구글 같은 회사보다는 제조 혁신을 만들고 있는 GE, 지멘스 같은 회사들이 세계 정상을 지킬 것이라고 예언하고 있습니다. 그 이유는 소프트웨어 분야와 비교해서 제조 분야에 대한 접근성이 용이하지 않으며, 이들 제조 분야에 인공지능기술, 로봇 기술, 3D프린팅 기술 등의 신기술을 도입하여 다품목 대량 생산이 가능해져서, 이들 영역은 블루 오션일 수밖에 없다는 것입니다. 이러한 기업을 전방위 기업이라 부르며, 수천 가지 제품을 설계-제조-유통-고객 관리까지 수행할 수 있기 때문에 경쟁력이 있다는 것입니다. 이렇듯 21세기의 우리는 한 치 앞을 내다볼 수 없는 변화와 변화들 속에 살고 있으며, 시대의 변곡점을 누가 정확하게 내다볼 것인가에 따라 많은 것을 얻을 수도 잃을 수도 있는 세상이 되었습니다.

하지만, 이러한 변화의 시대에도 가장 기본인 나만의 좋은 습관에 집중하고 있으면 그 무엇도 두려울 것이 없습니다. 좋은 습관은 삶의 무게 중심이기 때문입니다.

08

시간과 공간의 연결

수메르부터 본격적으로 발전한 인류의 문명은 불과 8천 년의 역사에 불과합니다. 빅뱅 이후 우주의 나이 140억 년에 비교하면 찰나의 순간에 지나지 않습니다.

지금의 이라크 지역에 위치하는 티그리스강, 유프라테스강 하역의 메소포타미아에서 생활했던 수메르인들은 원시인도 아니며 미개인도 아니며 지금의 우리와 별반 다를 것 없는 매우 문명화된 사람들이었습니다. 거대한 댐을 만들고, 인류 최초의 우르남무 법전을 만들고, 60진법과 태음력을 사용하였으며, 설형문자를 이용하여 수메르 왕들의 명부까지 제작하였습니다. 홍수 전설을 담고 있는 그 유명한 수메르 왕 '길가메시'에 관한 서사시를 설형문자로 오늘날까지 전달하고 있습니다.

수메르인들은 먼 옛날의 신화적 인물이 아니라 지금 우리가 살고 있는 이 땅에서 그냥 얼마 전에 살았었던 사람들일 뿐입니다. 그리고 그들이 남긴 문명과 역사는 지금 우리에게 많은 영향을 주고 있으며, 반대로 우리의 상상력과 역사에 대한 시선은 그들에게 또한 영향을 주고 있습니다.

짧은 인류의 역사와 좁은 지구란 공간 속에서 우리는 모두 시간과 공간이 서로 연결되어 유기적 상호작용을 하고 있는 것입니다. 지구란 공간과 역사란 시간은 입자처럼 불연속적으로 존재하는 것이 아니라 파동처럼 연속적으로 존재하며, 서로가 서로를 밀고 당기며, 영향을 주고 영향을 받으면서 발전하고 있는 것입니다.

그렇기 때문에 역사를 알아가는 것은 나와 연결된 다른 점들을 알아가는 것과 같은 것입니다. 나와 연결된 다른 점들을 알아간다는 것은 나를 알아간다는 것이고 나를 알아간다는 것은 나의 삶이 보다 주체적인 삶이 되어 가고 있다는 것을 의미합니다. 이러한 이유 때문에 우리는 역사를 알아야 하고, 반드시 나만의 고유한 시선으로 역사를 바라볼 수 있어야 합니다.

우리가 알고 있는 대부분의 역사는 누군가의 생각과 누군가의 표현이 나에게 전달된 것입니다. 만약 누군가가 의도적으로 역사적 진실을 심각하게 왜곡하여 나에게 전달하였고, 나는 그것이 역사의 진실인 것으로 알고 평생을 살았다면, 나의 주체성 일부를 상실한 채 삶을 살았다는 의미가 되는 것입니다.

역사에는 가정이 없으며, 사실이 없으며, 정답이 없으며, 단지 역사는 아직도 계속 살아 움직이고 변화하고 있는 것입니다. 그렇기 때문에 우리는 우리들의 삶의 주체성을 위해 나만의 고유한 역사를 만들어야 하는 것입니다.

우리는 "악법도 법이다"라고 말하며 독이 든 술을 마시고 죽음을 택한 소크라테스는 잘 알고 있습니다. 하지만, "개처럼 살라"고 주장한 견유학파의 위대한 철학자 디오게네스는 잘 모릅니다.

소크라테스가 실제로 그런 말을 했는지 잘 모르겠지만, 수많은 권력자들은 2000년이 넘는 세월 동안 그의 말을 잘 홍보하고 인용하여 사람들이 법을 잘 지키도록 교묘하게 이용하였습니다. 아마도 디오게네스는 그다지 홍보하고 싶지 않았을 것입니다. 알렉산더 대왕이 디오게네스의 명성을 듣고 찾아와 소원을 물으니, 디오게네스는 아무것도 필요 없으니 햇빛을 가리지 말고 비켜 달라고 한 일화는 모두 잘 아실 겁니다. 하지만 그의 삶과 그의 이름은 잘 알지 못합니다.

역사의 권력자들은 가난하지만 부끄러움이 없는 삶을 강조하며, 권력자들을 향해 촌철살인 같은 풍자와 냉소를 서슴지 않았던 디오게네스보다는 위대한 철학자 소크라테스가 죽으면서 플라톤 같은 제자들에게 남긴 "악법도 법이다"라는 말이 더욱 마음에 들었을 것입니다.

우리는 우리들의 삶의 주체성을 위해 나만의 고유한 역사를 만들어야 하는 것처럼, 나만의 고유한 시선으로 우리를 둘러싸고 있는 도덕과 법을 바라볼 수 있어야 합니다. 우리를 둘러싸고 있는 도덕과 법을 모두 지키면서 살기가 어렵다고 생각한 적이 있을 것입니다. 왜 그럴까요? 그것은 누군가가 누군가의 이익을 위해 그렇게 만들어 놓은 것이기 때문입니다. 평범한 사람들, 아니 비범한 사람들도 지키기 힘든 과도한 도덕과 법을 만들어 놓고, 그것을 어기면 양심의 가책을 느끼도록 만들어 놓은 것입니다.

물론, 상식에 부합되는 양심의 가책은 매우 중요한 인간의 조건입니다. 하지만, 인간이기 때문에 저지르는 실수나 잘못에 대해 과도한 비판과 처벌은 사회적 숙고가 필요하다고 생각됩니다. 고대부터 지금까지 도덕과 법을 만들고 가르친 위대한 인류의 스승들조차도 그렇게 도덕과 법을 잘 지키면서 살지는 않았습니다. 그들도 우리도 모두 인간이기 때문입니다. 그런데도 우리는 너무 엄격한 삶의 기준을 강요받으면서도, 그것을 지키지 못할 때 필요 이상의 사회적 심판을 받고, 자괴감에 빠져 자신의 잘못을 과하게 탓하며 살고 있습니다.

우리는 전혀 그럴 필요가 없으며, 그냥 상식적인 사람이면 충분합니다. 주변 사람들과 어울려 살 수 있는 상식을 갖추고 있다면, 자신의 상식을 믿으시면 되는 것입니다. 상식이 부족하다고 생각되시면, 지금부터 상식을 키워나가면 되는 것입니다. 그것이 우리가 해야 하는 것의 전부입니다.

1960년 아르헨티나에 숨어 지내던 나치 전범 아돌프 아이히만이 이스라엘 정보부에 붙잡혀 이듬해 그에 대한 재판이 열리게 됩니다. 이 재판에 현대 대표적 정치철학자로 손꼽히며 현대인들에게 많은 사상적 영향력을 미치고 있는 한나 아렌트(1906~1975)가 특별 취재원 자격으로 재판 과정을 취재하게 됩니다. 그리고, 한나 아렌트는 1963년 '예루살렘의 아이히만'을 출판하지만, 세상 사람들이 기대했었던 것과는 전혀 다른 견해를 펼치면서 세계적으로 엄청난 반향을 불러일으키게 됩니다.

아이히만은 유대인들을 수용소로 보내는 수송부서 책임자였는데, 처음에는 수용소에서 어떤 일들이 일어나는지 정확히 알지 못하였지만, 나중에 수용소에 있던 유대인들이 참혹하게 학살되는 것을 목격하게 됩니다. 하지만, 이후에도 그는 최선을 다해 유대인 수송 임무를 계속 수행합니다. 그리고 그는 전범 재판소에서 다음과 같은 말을 합니다. "나는 법을 잘 지키는 시민이었고, 국가 명령에 따라 최선을 다하는 사람일 뿐이었다." 그리고 "나는 명령에 따랐을 뿐이었다."라고 계속 되풀이합니다.

아이히만의 주장에 어떤 생각이 드시는지요?

한나 아렌트는 그녀의 책에서 다음과 같이 말합니다. "내가 본 아이히만은 괴물도, 악당도 아니었다. 오히려 아이히만은 우리 주위에 너무도 흔한 개인의 영달만을 위해 달리는 평범한 사람이었다. 특별한 인간도, 어떤 이념에 광분해 있었던 것도 아니었다. 그는 다만 스스로 생각하기를 포기했을 뿐이다."

한나 아렌트는 '생각하지 않는 삶'에 대해 유죄를 던지며, '악의 평범성'을 언급합니다. 평범한 사람이 사랑을 하는 것과 마찬가지로 악을 행하는 것도 언제나 우리 안에 내재되어 있기 때문에 그것을 막을 방법은 '생각'하는 것뿐이라고 주장하고 있는 것입니다.

아이히만의 삶과는 반대로 잘못된 법과 명령에 대해 지독하게 싸우면서 평생을 보낸 대표적 인물 중 한 명이 19세기 미국의 수필가이며 사상가인 헨리 데이비드 소로(1817~1862)입니다. 하버드 대학을 졸업 후 일정한 직업에 정착하지 않고 자유로운 삶을 추구했던 그는 청년 시절 미국 정부가 흑인 노예 제도를 계속 허용하고 영토 확장을 목적으로 멕시코 전쟁까지 일으킨 것에 분노하여, 그에 대한 항의로 홀로 '월든'의 숲에서 작은 오두막 생활을 하기도 했으며, 세금 납부를 6년간 거부하다가 투옥되기도 하였습니다.

이후 노예 해방 운동에 헌신하는 소로는 20세기를 움직인 책으로 선정되는 '시민 불복종'을 1849년 발표합니다. 이 책은 마하트

마 간디의 비폭력 운동, 마틴 루터 킹 목사의 흑인 인권 운동 등 지구상 수많은 인권과 민주화 운동에 영향을 미치게 됩니다. 최고의 지성이면서 자연과 친화된 소박하고 간소한 삶을 실천한 헨리 데이비드 소로에게서 그리스의 철학자 디오게네스와 많이 닮았다는 느낌을 받게 됩니다.

다음은 헨리 데이비드 소로의 말입니다.
"나는 누구에게 강요받기 위하여 이 세상에 태어난 것은 아니다. 나는 내 방식대로 숨을 쉬고 내 방식대로 살아갈 것이다.
우리는 먼저 인간이어야 하고 그 다음에 국민이어야 한다. 법에 대한 존경심보다 정의에 대한 존경심을 먼저 기르는 것이 바람직하다."

2019년 5월 개봉한 알라딘은 국내에서도 천만 명이 넘는 관객이 찾으면서 큰 흥행을 하였고 알라딘 OST도 엄청난 인기를 얻었습니다. 저도 영화를 두 번 보았고, 나오미 스콧이 부른 Speechless를 요즘도 자주 듣고 있습니다. 알라딘 영화 후반에 악당 자파가 지니의 마법으로 술탄이 되고, 자파는 오직 술탄 명령만 따른다는 왕궁 경비 대장 하킴에게 자스민 공주를 체포하라고 명령합니다. 한 참을 망설이던 하킴은 악당 자파의 명령에 따라 자스민 공주를 체포

합니다. 하지만, 자스민 공주가 그를 설득하기 시작하자, 마음이 흔들리던 하킴은 자스민 공주를 풀어주고 악당 자파를 체포하라고 부하들에게 명령합니다.

여기서 하킴이 따른 것은 법이 아니라 그의 상식입니다. 저는 이 장면이 매우 인상적이었습니다. 우리는 일상에서 많은 경우 경비대장 하킴과 비슷한 선택을 요구받고 있습니다. 다행스럽게도 우리들은 하킴처럼 잘못된 법보다는 상식을 많이 따르고 있지만, 조금 더 상식을 키우고 조금 더 상식에 의지하고 행동하는 용기가 필요하다고 생각됩니다. 그래야 악법은 점차 사라지고 좋은 법들이 더욱 많이 만들어질 것이기 때문입니다.

이렇듯 역사를 바라보는 시각을 다양화시키고, 부당함과 악법에는 저항하고, 세상을 올바르게 바라볼 수 있는 상식을 키워나간다면, 분명 우리는 보다 더 살기 좋은 세상, 모든 사람들이 보다 더 큰 자유와 행복을 누릴 수 있는 세상을 만들 수 있게 될 것입니다.

현대인들의 삶에 큰 영향을 준, 베이컨, 데카르트, 뉴턴, 아인슈타인, 닐스 보어 같은 천재들만이 일류가 될 수 있는 것은 아닙니다. 스스로와 주변 사람들에게 영향을 주고받는 우리 모두 일류가 될 수 있습니다.

지금 이 순간 좋은 습관을 만들고 좋은 습관에 집중하는 사람,

지금 이 순간 내가 좋아하는 것을 찾고 그 일에 매진하는 사람,

지금 이 순간 나의 생각을 세련되게 표현할 수 있는 사람,

그런 사람이 진정한 일류입니다.

그런 사람이 진정한 부자입니다.